보시기에
좋았더라

보시기에
좋았더라

지은이 | 김양재
초판 발행 | 2014. 5. 19.
26쇄 발행 | 2024. 10. 12
등록번호 | 제3-203호
등록된 곳 | 서울특별시 용산구 서빙고로65길 38
발행처 | 사단법인 두란노서원
영업부 | 2078-3333   FAX | 080-749-3705
출판부 | 2078-3477

책값은 뒤표지에 있습니다.
ISBN 978-89-531-2044-0 03230

독자의 의견을 기다립니다.
tpress@duranno.com   www.duranno.com

두란노서원은 바울 사도가 3차 전도여행 때 에베소에서 성령 받은 제자들을 따로 세워 하나님의 말씀으로 양육하던 장소입니다. 사도행전 19장 8-20절의 정신에 따라 첫째 목회자를 돕는 사역과 평신도를 훈련시키는 사역, 둘째 세계선교TIM와 문서선교 단행본 · 잡지 사역, 셋째 예수문화 및 경배와 찬양 사역, 그리고 가정 · 상담 사역 등을 감당하고 있습니다. 1980년 12월 22일에 창립된 두란노서원은 주님 오실 때까지 이 사역들을 계속할 것입니다.

김양재의 큐티 노트 · 창세기1

보시기에
좋았더라

김양재 지음

두란노

프롤로그 '보시기에 좋았더라' 하시는 인생

　　창세기의 전체 구조는 1장부터 11장, 12장부터 50장까지의 두 부분으로 나눌 수 있습니다. 더 나아가 성경 전체를 두 부분으로 나눈다면 1장부터 11장까지의 원역사, 12장부터 계시록까지의 구속사로 볼 수 있습니다. 창세기 1장부터 11장까지의 본문이 짧은 것 같지만, 사실 그 뒤의 성경보다도 훨씬 더 긴 시간을 다루고 있습니다. 구속사적으로 예수님을 초점에 두고 성경을 읽어야 하기에 장구한 시간이지만 1~11장을 짧게 기록한 것입니다.

　　큐티는 혼돈과 공허, 흑암과 같은 어떤 사건 속에서도 '오늘 나에게 주신 말씀'으로 나의 인간적인 생각과 욕심을 가지치기해 나가는 것입니다. 그렇기 때문에 성경이 구속사적으로 읽어지지 않으면 예배도 재미없고, 왜 예배를 드려야 하는지도 모릅니다. 나의 삶과 말씀이 하나도 상관없어 보입니다. 그러나 성경은 아담, 셋, 아브라함, 이삭, 야곱, 유다로 이어지는 구약의 계보에서는 중요한 사람들을 찾고 찾아가면서 '오실' 예수님에 대해 이야기하고, 마태복음으로 시작하는 신약에서는 '오신' 예수님에 대해 이야기하고 있습니다. 그래서 성경의 시작인 창세기를 잘 읽으면 인생이 보이고 성경 전체가 보이게 됩니다.

    하나님이 '보시기에 좋았더라' 하시는 인생은 어떤 인생일까요? 하나님이 말씀으로 세상을 창조하시고 빛과 어둠을 나누셨기에, 말씀을 묵상하다 보면 어떤 게 보시기에 좋고, 어떻게 구별해야 하는지 구체적으로 알 수 있습니다.

    그래서 '보시기에 좋았더라'의 인생은 말씀을 듣는 인생입니다. 그런데 믿는 사람으로서 결혼은 어떻게 해야 하고, 이혼은 왜 하지 말아야 하고, 불신결혼은 왜 안 되는지 이런 구체적인 말씀을 해주지 않으니 악하고 음란한 세상에서 어떻게 적용해야 하는지 몰라 성도들은 각자의 연약함으로 실수를 저지릅니다. 강단에서 불신결혼, 이혼, 재혼, 동성애 등 삶을 구체적으로 다루고 도전하는 이야기가 선포되어야 하는데 말씀을 전하는 자나 듣는 자 서로가 말하기도, 듣기도 힘이 들기 때문입니다.

    그러나 저는 그분들이 미워서가 아니라 진짜 사랑해서, 하나님의 형상대로 살며 실수하지 말라고 피를 토하는 심정으로 한결같이 이야기할 수밖에 없습니다. 연약한 우리가 말씀을 붙들고 갈 때, 하나님은 아무리 치명적인 실수도 실패가 되지 않게 막아 주십니다.

평신도 시절부터 거의 30년간 하루도 빠뜨리지 않고 큐티를 해온 저는, 말씀묵상은 아무리 강조해도 지나침이 없다고 생각합니다. 큐티는 어린아이처럼 순수한 마음으로 하나님의 말씀을 받아들이는 것이기 때문입니다. 하나님의 음성을 듣기 위해, 내 죄를 보기 위해 겸손한 마음으로 말씀을 마주한다면 성령님이 반드시 가르쳐 주시고 보호해 주십니다. 그러므로 말씀묵상은 해도 안 해도 되는 것이 아니라 반드시 해야 하는 것입니다.

하나님은 지금껏 큐티모임과 우리들교회를 통해 헤아릴 수 없이 많은 사람들이 변화되고, 가정이 회복되고, 일꾼들이 세워지는 은혜를 베풀어 주셨습니다. 하나님께서 나에게 주신 모든 것, 특히 남보다 많이 주신 것은 모두 사명과 연결되는 것입니다. 하나님이 저에게도 주신 것이 많아서 이렇게 여러분을 섬길 수 있습니다. 하나님은 특별히 저에게 힘든 사람들에 대한 부담을 주셨습니다. 어떤 분들은 저를 보고 '목사가 되어 왜 그렇게 우느냐'고 하시는데, 힘든 사람들에 대한 그 부담이, 그 눈물이 오늘날까지 사명으로 연결되고 있습니다. 저에게 남보다 눈물을 많이 주셨기에 제가 힘든 사람들과 함께 가고 있습니다. 하나님이 여러분에게 남보다 많이 주신 것, 여러분의 사명은 무엇입니까? 이 책을 읽는 독자 여러분 모두 사명을 발견하고 '보시기에 좋았더라'의 인생을 살아 가시기를, 하나님의 도우심으로 각자의 자리에서 하나님이 허락하신 창조 사역을 이루어 가시기를 예수님의 이름으로 축원합니다.

우리들교회 담임목사
김양재

보시기에
좋았더라

하나님이 지으신 그 모든 것을 보시니
보시기에 심히 좋았더라
창 1:31

PART 1   하나님의 꿈

보시기에 좋은 인생

하나님 아버지,
천지를 창조하신 하나님을
믿음의 눈으로 보게 하시고,
내게 맡기신 창조 사역을
감당하게 하옵소서.

나를 도우시는 창조 사역

창세기 1:1-2

창조란 문제의식에서 시작됩니다. 어려운 문제를 만나서 이모저모로 생각하는 과정에서 창의력이 발현됩니다. 교육 심리학자 하워드 가드너는 개인의 창조성이 발현되는 모형을 개인(Individual)—일(the Work)—타인(Other person)으로 정의했습니다. 누구나 대가(大家)가 될 수 있는 자질을 갖고 태어나는데, 이것을 강화시키려면 일을 적절하게 경험해야 합니다. 일을 체험하는 과정에서 타인에게 격려와 지원을 받는 의미 있는 인간관계가 형성되고, 거기에서 창조성이 생겨난다는 것입니다.

저에게는 결혼과 시집살이가 저를 강화시키는 '일'의 체험이었습니다. 결혼을 통해 제가 알 수 없었던 문제들에 부딪쳤고, 그 상황에서 결혼의 목적이 행복이 아닌 거룩임을 깨달았습니다. 그러면서 제 삶을 오픈하고 나누었더니 다른 사람이 저를 격려하고 지원해 주었고, 지금의 창조적 사역에 이르렀습니다.

누구든지 창조적인 부분을 가지고 있지만 훈련되고 격려를 받아야 창조성이 발휘됩니다. 그렇다면 믿는 사람의 창조 사역은 어때야 할까요?

성부 하나님의 창조 사역이 나를 도우신다

1 태초에 하나님이 천지를 창조하시니라 (창 1:1)

태초에 하나님이 천지를 창조하셨습니다. 히브리 원문을 읽어 보면, 육하원칙 중에 "왜"와 "어디서"가 빠져 있는데 "왜"는 성경을 쓴 이유이니 앞으로 알아갈 것이고, "어디서"는 무에서 유를 창조하셨기에 쓰실 필요가 없습니다. 하나님의 뜻이 너무나 대단하고 위대하기에, 천지 창조의 사역을 하시는데 이것이 숨겨졌습니다(Hidden will of God).

우주 만물의 시작을 보여 주는 창조 기사(記事)는 오직 성경에만 있습니다. "먼 옛날 하나님이 천지를 창조하셨다"라고 한다면 창조론이 성립되지 않습니다. 우주는 스스로 있다는 자연발생론이 힘을 얻게 되는 겁니다. 그러므로 "태초에"가 아주 중요합니다. "태초에"의 원어 '베레쉬트'는 시간이 흐르기 시작한 출발점을 의미합니다. 하나님이 창조하신 '첫 시간'입니다. 요한복음 1장 1절에도 보면 "태초에 말씀이 계시니라 이 말씀이 하나님과 함께 계셨으니 이 말씀은 곧 하나님이시니라"고 기록되어 있습니다. 여기서도 "태초에"(엔아르케)가 나옵니다. 그런데 이것은 시간이 흐르기 전의 시간, 영원 이전의 시간입니다. 하나님은 창조된 세상 이전에 거하셨는데, 시공간을 초월하시며 영원 전부터 불변하며 계셨습니다. 그래서 창세기와 성경의 최초 주어는 '하나님'이십니다.

이방 신들은 결코 창조의 속성을 갖지 못합니다. 이 세상은 어떤 피조물이 창조한 것이 아닙니다. 창조주이신 하나님의 작품입니다. 그러므로 천지 창조는 믿음의 대상이지 분석의 대상이 아닙니다. 창세기 1장 1절이 믿어질 때 성경 전체가 다 믿어집니다.

1절의 하나님은 '엘로힘'이라는 장엄복수 형태로 쓰였고 "창조하시니라"는 단수 형태로 쓰였습니다. '엘로힘'이라는 장엄복수 형태로 쓰인 이유는 두 가지로 봅니다.

첫째, 하나님의 권세와 능력, 탁월한 지혜로 천지를 창조하셨음을 강조하기 위함입니다. 하나님만이 존재의 시작이시고, 만물이 그에게서 나와 그에게로 돌아갑니다. 하나님이 천지를 지으신 것을 알아야 인생이 어디로 와서 어디로 가게 되는지 알게 됩니다. 이 한마디에 우리가 하나님의 소유이며 하나님의 통치를 절대적으로 받아야 하는 존재임이 내포되어 있습니다.

둘째, 삼위일체 하나님이 같이 창조하셨음을 나타내기 위함입니다. 에베소서 1장 4절에는 "곧 창세전에 그리스도 안에서 우리를 택하사"라고 표현했습니다. 성자 하나님께서도 이미 창조 사역에 동참하셨습니다. 삼위 하나님이 우리를 위해서 어떤 재료도 도움도 없이 창조 사역을 하셨습니다. 무에서 유를 창조하신 하나님을 생각하면, 이제까지 힘들고 어려웠어도 하나님이 내 삶을 새롭게 창조하실 것을 믿을 수 있습니다.

우리를 그리스도 안에서 택해 주셨다고 하니 우리의 신분이 얼마나 대단합니까? 천지 창조도 대단한데 그 전에 이미 나를 택하신 것입니다. 우리가 얼마나 존귀한 신분입니까? 그래서 함부로 살아서는 안 되는 것입니다.

하버드 대학의 총장이자 교수인 킴 클라크 교수가 2007년 11월 졸업식 축사에서 이런 말을 했습니다. "어머니는 매일 아침 문을 나서는 저를 돌려세워서 허리를 숙이고 무릎을 낮추어 저와 눈을 맞추며 말씀해 주셨습니다. '클라크, 너는 오늘도 나가서 리더가 되어야 한다. 옳거나 그르다고 생각하는 것에서 물러서지 말고, 어떤 사람도 너를 함부로 대하게 허락해서는 안 된다. 네가 누군지 늘 기억해라.'"

이 어머니의 당부를 여러분께도 드리고 싶습니다. 여러분이 얼마나 특별하고 존귀하고 위대한 존재인지 기억하시기 바랍니다. 하나님께서 창세전에 그리스도 안에서 여러분을 택하셨습니다.

존재의 발견은 곧 자기 자신의 발견입니다. 에고(ego)는 외적인 조건에 비추어진 자신의 모습입니다. 에고가 돈과 성취, 명예의 획득을 통해서 결정되는 것이라면, 존재는 태어날 때부터 존귀하고 사랑받을 만한 자신의 모습입니다. 그래서 아무리 에고를 위해서 전진해도 그것이 우리를 살리지 못합니다. 내가 어떤 존재인지 아는 사람만이 창조 사역을 할 수 있습니다. 나는 태어날 때부터 존귀한 존재이며, 나는 사랑받을 만하고 사랑 베풀기를 즐기는 존재임을 믿으십시오. 성부 하나님의 창조 사역을 믿는 사람은 자기 자신이 얼마나 대단한 존재인지 알게 됩니다. 거룩하고 흠이 없게 하시려는 그 대단한 목적 가운데 내가 있는 것입니다.

하지만 우리가 그 넓고도 크신 하나님의 뜻을 어떻게 다 알 수 있겠습니까. 성부 하나님의 뜻이 너무나 크고 거룩해서 숨겨져 있습니다. 천국에 갈 때까지 알기가 어렵습니다. 그래서 성자 하나님이 함께 사역하십니다.

내 상황이 힘들고 어려워도 무에서 유를 창조하시는 창조주 하나님을 믿고 의지합니까? 창조 사역이 믿어질 때 우리에게 말씀이 열립니다.

성자 하나님이 하나님의 뜻을 나타내신다

² 땅이 혼돈하고 공허하며 흑암이 깊음 위에 있고 하나님의 영은
수면 위에 운행하시니라 (창 1:2)

숨겨진 성부 하나님의 뜻을 시간과 공간, 관계와 질서 속에서 성자 하나님이 디자인하면서 나타내십니다(Revealed will of God). 2절에 '땅이 혼돈하고 공허하며 흑암이 깊음 위에 있다'고 합니다. 창조의 목적은 '거룩'입니다. 그래서 창조하셨으면 멋있고 아름다운 것이 기다리고 있어야 하는데 그렇지 않습니다. 원어에는 2절이 "그런데 그 땅이"라고 시작됩니다. 하나님이 천지를 창조하셨습니다. 그런데 그 땅이 혼돈하고(formless) 공허합니다(empty).

성부 하나님이 창조하셨어도 성자 하나님이 도와주시지 않으면 혼돈하고 공허하며, 흑암이 깊음 위에 있습니다. 우리가 예수님을 믿어도 아직 육체의 소욕이 가득하기에 하나님이 내 안에 거하시기가 너무 힘듭니다. 숨겨진 하나님의 위대한 뜻이 내 시간과 공간 안으로 들어오기가 쉽지 않습니다. 나의 혼돈과 공허와 흑암 가운데 하나님의 뜻을 나타내시기 위

해서, 성자 예수님께서 이 땅에 오셔서 고난을 받으십니다.

광활한 은하계에 백 조 개의 별이 있다고 합니다. 한 은하에만 천 억 개의 별이 있는 것입니다. 그 광대한 은하의 별 중 하나가 바로 지구입니다. 작고 푸르스름하고 창백한 점 하나가 바로 지구입니다. 하나님이 우주를 창조하시고, 지구를 중심으로 창조 사역을 진행하시는데, 백 조 개의 별들 중 하나인 지구는 얼마나 작고 제한적인 존재입니까. 그런데 질서를 따라서 이 모든 별들이 움직여야 합니다. 하나라도 질서에 어긋나거나 깨어 있지 않으면 안 되기에 이것이 고난입니다.

그렇게 광대하고 크신 하나님이 질서와 관계, 시간과 공간 안으로 들어오셨습니다. 넓디넓은 은하계에서 지구라는 하나의 작은 별로, 그 중에서도 마리아라는 한 여인의 자궁 안으로 티끌이 되어 오셨습니다. 창조 사역을 위해 관계와 질서 속으로 들어오신 것이 예수께서 십자가 지는 고난입니다. 흑암과 혼돈과 고난이 있는 곳으로 들어가는 것, 어렵고 지치는 상황 속으로 한 점이 되어 들어가는 것이 성자 하나님의 사역입니다.

우주가 너무나 광활하지만, 그 별들이 질서 있게 움직이면서 자기 일을 잘 해주지 않으면 무너질 수밖에 없습니다. 무신론자들은 지구는 우주의 먼지에 불과하다고 하지만, 하나님의 입장에서는 하나님 당신이 허공 가운데 매달아 두신 이 땅과 이 곳에 사는 인생들이 얼마나 귀한지 모릅니다. 그래서 온 천하보다 귀한 영혼이라고 부르십니다.

하지만 눈만 뜨면 보이는 세계에 우리는 늘 절망합니다. 파르스름하고 창백한, 한 점도 안 될 것 같은 나를 보면서 어마어마한 세상에 주눅이 듭니다. 예수님을 믿어도 날마다 영적·정신적·육적으로 나의 혼돈과 흑암이 있습니다. 말씀을 듣는 구조 속에서 단계별로 계속되는 나의 혼돈과 공허, 흑암을 인정하고 가야 합니다.

미국의 임상심리학자인 아치볼트 D. 하트는 한 개인이 크리스천으로 헌신한 후 자존감이 낮아질 수 있는 가능성에 대해 이야기합니다. 예수님께 헌신한 사람들이 실패를 두려워해서 회피적이 되거나, 지나치게 이상적인 모델을 잡고 도덕적 의무에 대해 과도하게 인식한다고 합니다. 자신에 대해서 좋은 느낌을 가지는 것이 교만한 것은 아닌지 본능적으로 두려워하는 것입니다.

자기 자신에 대해서 좋은 느낌을 갖는 것과 나의 죄성을 인식하는 것 사이에는 피할 수 없는 긴장이 있습니다. 존엄한 존재이면서 죄악된 존재가 바로 우리입니다. 적절한 자존감은 이러한 긴장의 균형을 어떻게 이루느냐에 달려 있습니다. 자존감에 대한 혼란은 '자기중심성'과 '개성'을 혼동하는 데서 비롯됩니다. 개성은 우리가 누구인지 말해 주는 것이고, 자기중심성은 우리의 죄성이 표현된 것입니다. 내가 죄악되고 이기적인 속성을 갖고 있지만 그렇다고 해서 내 개성까지 썩은 것은 아닙니다. 하나님께서 부여하신 내 개성마저 썩은 것이라면 주님이 왜 나를 위해 죽으셨겠습니까? 천지 창조를 믿을 때 이것을 분별할 수 있습니다.

건강한 자기 사랑은 죄성을 인식하고, 한발 더 나아가 하나님의 은혜를 받으려는 자발성을 동반해야 합니다. 내가 처음 예수님을 믿어도, 혹은 헌신을 해도 내 속에는 여전히 혼돈과 공허가 있습니다. 의인이 하나도 없기에 누구나 갈등합니다. 혼돈과 공허가 각자에게 있음을 인정하고 겸손히 은혜를 구해야 합니다.

숨겨진 하나님의 뜻을 드러내시는 성자 하나님이 이 땅에 오셨습니다. 그 크신 하나님이 여인의 자궁으로 들어오기까지 얼마나 낮추고 낮추셨을까요. 그래서 내가 낮춰도 낮춰도 끝이 없는 어려움이 있습니다. 호박 씨까지는 되겠는데 겨자씨까지는 되기가 어렵습니다. 그래서 우리를 성령 하나님이 도와주십니다.

내가 처한 혼돈과 공허, 흑암은 무엇입니까? 성자 하나님이 이미 본을 보이셨듯이 내가 티끌같이 낮아져 자리를 지켜야 할 질서와 관계, 시간과 공간은 어디입니까?

성령 하나님이 효과적으로 도와주신다

2 땅이 혼돈하고 공허하며 흑암이 깊음 위에 있고 하나님의 영은
수면 위에 운행하시니라 (창 1:2)

혼돈하고 공허하며 흑암이 깊음 위에 있는 그곳에 하나님의 영이 운행하고 계십니다. 제한된 시공간 가운데서 어려워할 때에 성령 하나님(루아흐 엘로힘)이 효과적인 힘(Effective Power)으로 나를 도와주십니다.

창조 사역은 삼위일체 하나님의 사역으로 출발합니다. 성부 하나님의 숨겨진 뜻이 성자 하나님을 통해 드러났고, 성령의 능력이 모든 부분에 퍼져서 창조물들이 창조 상태로 움직이도록 도우십니다. 그래서 우리의

예배 대상은 삼위일체 하나님이십니다.

하나님의 뜻은 약속으로 주어집니다. 창조 속에는 하나님의 약속이 있습니다. 창조된 모든 세상이 하나님의 약속을 드러내는데, 인간인 우리는 약속으로 주어진 하나님의 뜻을 잘 모릅니다. 그래서 진리의 성령님, 보혜사 성령님이 효과적으로 알려주십니다. 우리가 약속에 순종하면 영원한 생명을 얻고, 불순종하면 저주인 것을 알게 하시고 이끌어 가십니다. 장래 일을 알게 하시는 성령께서 우리에게 갈 바를 알려 주십니다.

하나님의 역사와 개입이 없다면 우리는 여전히 혼돈과 흑암 중에 있을 수밖에 없습니다. 나의 혼돈하고 공허한 부분에 성령님이 임하셔야 합니다. 성령님이 나를 효과적으로 도와주시도록 회개하고 기도하고 묵상하고 찬양하고 섬겨야 합니다. 아무리 공허해도 성령님이 운행하시면 새롭게 하시는 창조적인 역사가 일어납니다.

하나님은 6일 동안 창조 사역을 하시며 새로운 질서를 만들어 가셨습니다. 하나님께서 우리를 다루시는 최고의 방법은 '질서'입니다. 은하계의 수많은 별들이 하나님이 매달아 놓으신 그 장소에서 '질서'를 지키며 영롱하게 빛나고 있듯이, 질서에 순종해서 내 자리를 잘 지키고 있으면 가장 영롱하게 빛나는 인생이 됩니다.

제가 왜 결혼생활 13년간 걸레질만 하며 살았을까요. 하나님께서 저에게 중요한 명령을 주셨기 때문입니다. 하나님이 짝지어 주신 것을 사람이 나누지 못하고, 내 머리가 남편이라는 것을 알려 주셨습니다. 가정을 유지하는 것이 최고의 명령이기 때문에 내가 화가 나고 기가 막혀도 걸레질을 하며 자기 자리를 지켜야 했습니다. 질서를 깨지 않고 잘 순종했더니 저를 이렇게 빛난 인생으로 삼으셨습니다.

우리는 성경을 통해서 중요한 일과 덜 중요한 일을 날마다 분별해 가야 합니다. 하나님을 알아야 모든 문제를 밝히 보고 그 문제의 목적을 찾게 됩니다. 창세기 1장에만 하나님이라는 단어가 30번 넘게 나옵니다. 성삼위 하나님께서 나를 도우십니다.

그래서 나도 나의 모든 환경에서 창조 사역을 해야 합니다. 힘든 관계와 질서, 시간과 공간일지라도 삼위일체 하나님을 알 때 질서와 관계에 순종할 수 있습니다. 성령님의 도움을 받습니다. 그러면 우리도 다른 사람을 영혼 구원으로 인도하는 창조 사역을 하게 됩니다.

성부 하나님의 숨겨진 뜻이 성자 하나님이 낮아지심으로 나의 관계와 질서, 시간과 공간 안으로 들어오심을 통해 드러났습니다. 여전히 흑암과 혼돈이 있고, 관계와 질서에 순종하기 힘든 우리이지만 진리의 성령님이 효과적으로 도와주십니다. 어떤 환경 가운데서도 우리가 창조 사역을 이루어 나가도록 성삼위 하나님이 도와주십니다. 그 도우심을 받아 창세 전부터 택한 우리가 이제 새로운 창조 사역을 잘 감당하기를 기도합니다.

내 삶에 주어진 환경과 질서 속에서 하나님의 뜻과 약속을 깨닫고 있습니까? 성령의 도우심을 구하며 약속의 말씀을 묵상합니까?

말씀으로
기도하기

창조란 '온전히 스스로 찾아내어 문제를 해결해 나가는 작업'입니다.

성부 하나님의 창조 사역이 나를 도우십니다.(창 1:1)

영원 전부터 거하시던 하나님이 어떤 재료도, 도움도 없이 천지를 창조하셨습니다. 사람, 시간, 돈이 내 환경을 창조한 것이 아니라 하나님이 창조하신 것을 알게 하옵소서. 내가 하나님께서 창세전부터 택하신(엡 1:4) 대단한 존재임을 믿고 도와주시기를 기도합니다.

성자 하나님이 하나님의 뜻을 나타내십니다.(창 1:2)

성자 예수님이 이 땅의 관계와 질서, 시간과 공간 속에 들어오심으로 하나님의 뜻이 나타나고 우리를 구원하셨습니다. 내게 주어진 자리가 분하고 기가 막혀도, 그 자리를 지키며 관계와 질서에 순종하는 것이 창조 사역입니다. 수많은 별들이 하나님이 정하신 질서를 지키며 영롱하게 빛나듯이, 가정과 학교와 직장의 질서에 순종함으로 빛나는 인생이 되게 하옵소서.

성령 하나님이 효과적으로 도와주십니다. (창 1:2)

하나님의 창조 사역에는 나를 향한 하나님의 약속이 있습니다. 성령의 운행하심이 그 약속을 알게 하고 이끌어 가심으로 혼돈과 흑암 중에 있던 내 삶이 새로운 형태와 질서로 자리 잡기를 기도합니다. 성부 성자 성령 하나님이 창조하고 시작하셨기에, 마지막도 하나님이 끝내셔야 끝이 납니다. 그것을 믿고 어떤 혼돈과 흑암의 환경에서도 하나님의 약속을 지키며 영원한 생명을 얻는 창조 사역을 이루게 하옵소서.

우리들
묵상과 적용

저는 형님 대신 어머니를 모시고 다섯 명의 동생들을 뒷바라지하며 8남매의 가장으로 힘들게 살았습니다. 그래서인지 자녀들의 교육 문제에 있어서도 늘 가시적인 열매를 바랐고, 하나님이 주신 자녀들을 저의 성공을 이루기 위한 도구로 여겼습니다. 으레 연초가 되면 각종 세상 모임에 참석하느라 가정에 소홀하며 아이들을 잘 챙기지 못한 저와 달리, 아내는 새해 벽두부터 금식기도원을 찾아 자녀들의 진로를 위한 기도에 매달렸습니다. 기복적으로 하나님을 찾는 아내가 늘 못마땅하면서도, 저 자신은 정작 하나님의 주권을 인정하지 않은 것이 죄인 줄 몰랐습니다. 그래서 친구들의 자녀와 비교하며 제 기준에 부응하지 못하는 자녀들을 정죄했습니다.

큰아들은 거듭 고시에 실패하고, 직장을 그만두고 대학원에 들어간 딸아이도 임용 고시에 실패하고, 막내는 수도권 대학에 들어갔지만 학교를 무시하는 마음에 중퇴했습니다. 모든 것이 늘 일류만 부르짖던 저 때문에 생긴 일이었습니다. 그런데 그 원인을 아내와 자식들에게서만 찾으며 저야말로 혼돈하고 공허하며 흑암 속에 있었습니다.

　주님은 그런 저를, 담낭 제거 수술이라는 고난을 통해 공동체로 불러 주시고 말씀으로 양육해 주셨습니다. 아직도 조급한 마음과 욕심이 남아 있지만, 양육 훈련을 받으며 "입으로 시인하여 구원에 이르느니라"(롬 10:10)는 말씀을 적용하니 이제는 "태초에 하나님이 천지를 창조하시니라"는 말씀이 믿어지고 하나님의 권세가 인정됩니다. 큰아들은 여전히 진로를 고민 중이지만 공동체에서 은혜를 누리고 있고, 딸아이는 스펙 쌓기를 내려놓고 믿음의 배우자와 공동체의 축복 속에 결혼했습니다. 그리고 요즘 아내와 저는 손자 보는 재미에 푹 빠져 있습니다. 학업을 중단하여 늘 구박받던 막내가 제일 먼저 결혼해서 안겨 준 손자이기에 별 인생이 없음을 보여주신 징표입니다. 영적 자손이 끊어지지 않도록 이제는 말씀의 빛 가운데 행하며 가족을 더욱 사랑하고 섬기겠습니다.

기도

하나님 아버지, 천지를 창조하신 하나님을 믿습니다. 창세전에 그리스도 안에서 나를 택하신 하나님을 믿습니다. 내가 그렇게 대단한 존재인 것을 알면서도 숨겨진 하나님의 뜻을 알지 못해서 혼돈과 공허가 있고, 흑암이 깊음 위에 있습니다. 깜깜하고 앞길이 안 보이고, 더는 참을 수가 없다고 외치는 저의 악과 불신이 있습니다.

창조주이신 성자 하나님이 점 하나로 낮아지신 것을 기억하기 원합니다. 창조 사역을 하라고 나를 보내신 그곳의 질서와 관계, 시간과 공간이 싫어서 도망가고 싶습니다. 그러나 지금의 상황이 내 삶의 결론인 것을 인정하기 원합니다.

하나님의 영이 수면 위에 운행하신다고 하셨사오니 진리의 성령님, 보혜사 성령님께서 나를 도와주시길 원합니다. 장래 일을 알게 하시는 성령님이 나를 효과적으로 도와주셔서 내가 몸담고 있는 시간과 공간에서 창조 사역을 하도록 힘을 주시옵소서.

혼돈과 흑암 중에 있는 우리 식구들을 불쌍히 여겨 주시고, 천지를 창조하신 하나님이 믿어지도록 역사하여 주시옵소서. 예수님의 이름으로 기도합니다. 아멘.

하나님 아버지,
말씀을 듣는 인생이 보시기에
좋은 인생이라고 하십니다. 듣기 싫어
귀를 막고 있음을 용서하시고 오늘
주의 말씀이 들리게 하옵소서.

chapter 02

보시기에 좋았더라

창세기 1:3-8

한 전도사님이 외모로 고민하는 성도들에게 '하나님은 외모가 아닌 중심을 보신다'는 말씀을 자주 했다고 합니다. 그런데 '내 중심이 과연 하나님 보시기에 좋을까?' 생각해 보니 그렇지 못한 것 같아서 이제는 그런 말을 안 하기로 했답니다. 여러분은 어떠합니까? 외모가 좋고 중심은 나쁘거나, 중심은 좋고 외모가 나쁘거나, 둘 다 좋거나 나쁘거나의 여러 경우가 있을 텐데 "하나님이 보시기에 좋았더라"는 어떤 것일까요?

말씀을 듣는 인생이 보시기에 좋은 인생이다

"하나님의 영이 수면 위에 운행하시니라"(2절)의 말씀에서 '운행하시다'는 알을 품는다는 뜻의 히브리어 어근에서 파생된 말입니다. 성령님이 우리의 혼돈과 공허, 흑암을 알을 품듯 품으십니다. 그리고 "이르시되"의 말씀으로 사역하십니다.

> **3** 하나님이 이르시되 빛이 있으라 하시니 빛이 있었고 ^(창 1:3)

"이르시되"는 '그러자 말씀하셨다'라는 뜻입니다. '허락하다, 지시하다' 등의 뜻이 있는 이 말은 세상에 존재하는 모든 것들이 하나님의 말씀, 즉 지시와 허락에 의해서만 존재할 수 있다는 의미입니다. 그래서 나의 혼돈과 공허는 배우자의 사랑과 돈으로 채우는 것이 아니라 하나님의 말씀으로 채워져야 합니다. 흑암이 깊은 것도 말씀으로 빛을 만나야 합니다. 왜 진리의 성령님은 말씀으로 우리에게 이야기하셔야 할까요? 말씀이 약속이기 때문입니다. 하나님이 보시기에 좋은 인생은 말씀을 듣는 인생입니다.

우리가 하나님을 믿겠다고 결심하지만 하나님이 어떤 분인지 잘 모릅니다. 그런데 어떤 사건이 발생했을 때 하나님의 주권만 강조하면 인간의 책임이 무색해질 것이고, 인간의 책임만을 강조하면 하나님의 절대 주권이 손상될 것입니다. 그래서 이 두 가지의 조화가 어려울 때 '언약'으로 시선을 돌려야 합니다. 하나님의 말씀이 약속이고 언약입니다. 하나님의 창조 사역 속에 만물이 하나님의 조건적인 약속을 드러내고 있습니다.

재벌 아버지가 가진 막대한 재산을 돌쟁이 아들이 어떻게 알겠습니까. 그 재산을 잘 지키게 하려면 돌쟁이의 눈높이로 아버지가 낮아져서 알려 줘야 합니다. 그것이 성자 하나님의 사역입니다. 이제 아이가 성장하면 조금씩 아이에게 돈 쓰는 법을 알려 주면서 효과적으로 도와주어야 합니다. 이것이 성령 하나님의 사역입니다. 그래서 아이가 철이 들면서 아버지가 부자인 것을 알게 되는 것입니다. 내 말을 잘 듣고 따르면 내 재산이 너의 것이고, 그렇지 않고 망나니로 살면 재산을 주지 않겠다, 이것이 언약입니다.

> [16] 모든 성경은 하나님의 감동으로 된 것으로 교훈과 책망과 바르게 함과 의로 교육하기에 유익하니 [17] 이는 하나님의 사람으로 온전하게 하며 모든 선한 일을 행할 능력을 갖추게 하려 함이라
>
> (딤후 3:16-17)

주님은 이렇게 말씀으로 우리를 온전케 하십니다. 우리가 온전케 되면 하나님께서 말할 수 없이 기뻐하시고 보시기에 좋았더라고 말씀하십니다. 그래서 우리는 약속의 말씀을 알아야 합니다. 말씀을 묵상하고 배우고 적용하는 것이 어려워 보여도 가장 시간 낭비하지 않는 비결입니다. 워낙 우리 민족이 종교성이 있고 기복(祈福)적이어서 성경 한번 들여다보지 않고 신앙생활을 한다고 합니다. 그래서 자녀들에게도 성경을 안 가르치고 복 받으려면 그냥 믿으라고 합니다. 이것이 기복 신앙입니다.

창조 사역은 "이르시되"의 사역, 말씀의 사역입니다. 하나님께서 생각만으로도 세상을 만드실 수 있지만 말씀으로 창조하셨습니다. 우리를 하나님의 형상으로 지으시면서 하나님의 말씀을 들을 귀와 볼 눈, 말할 입을 주셨습니다. 말씀을 들어야 하나님 나라 말을 조금씩 배워서 전할 수 있는 것입니다.

2년간 수없이 말을 가르쳐도 제 어린 손녀딸이 말을 잘 못했습니다. "할머니"도 제대로 발음하지 못하고 간신히 "함머니"라고 합니다. 2년이면 대학원에서 석사학위를 따고도 남았을 시간인데, 이 아이는 아직 몇 단어를 못 배워서 온 가족이 길이 참고 기다립니다. 하지만 그래도 저는 손녀딸이 얼마나 사랑스러운지 모릅니다. 제 새끼이기 때문입니다. 마찬가지로 하나님이 나를 낳으셨습니다. 그래서 내가 아무것도 몰라도 나를 창조하셨기에 사랑하고 기다리고 좋아해 주십니다.

성령이 운행하시지 않으면 "이르시되"의 말씀이 들리지 않습니다. 우리는 말씀을 들어야 합니다. 아무리 시간이 걸려도, 한 절 한 절 읽어 가며 명령을 찾고 약속을 찾으며 순종하고 하나님의 거룩을 이루어 가는 것이 최고입니다. 이 "이르시되"의 말씀이 들리기 바랍니다. 말씀을 듣고, 말씀을 붙잡아 삶의 현장에서 창조 사역을 하는 인생이 되기를 축복합니다.

오늘 나의 삶의 현장에서 하나님의 "이르시되"의 말씀을 듣고 있습니까? 내가 애정과 관심으로 길이 참으면서 품고 가야 할 혼돈하고 공허한 사람은 누구입니까?

빛을 보며 사는 인생이 보시기에 좋은 인생이다

³ 하나님이 이르시되 빛이 있으라 하시니 빛이 있었고 (창 1:3)

하나님께서 빛을 가장 먼저 창조하십니다. 일단 환경을 조성하시는 것입니다. 빛을 창조해서 흑암에 질서를 부여하십니다. 이 빛은 발광체로서의 빛이 아닙니다. 이 빛을 처음 만드신 이유는 무엇일까요? 깜깜하므로 보이지 않기 때문입니다. 그럼 빛이 들어왔을 때 가장 먼저 봐야 할 것이 무엇입니까? 나 자신을 봐야 합니다. 나 자신이 얼마나 더럽고 형편없는지를 보지 못하면 우리는 창조 사역을 할 수 없습니다. 남을 변화시킬 수 없습니다.

혼돈과 공허, 흑암 중에서 하나님이 비추시는 은혜의 빛으로 말씀이 들리기 시작하면 내 인생이 해석되고 환해집니다. 물질의 세계에서도 빛이 너무 중요하지만 영적 세계에서도 빛이 중요합니다.

"참 빛 곧 세상에 와서 각 사람에게 비추는 빛이 있었나니"(요 1:9)라고 기록되었습니다. 예수님이 여인의 깜깜한 자궁 속에 하나의 작은 점이 되어 오셨습니다. 주님이 직접 깜깜한 가운데 오셨기에 오늘 깜깜한 환경에 있는 나에게 빛이 되고 위로가 되어 주십니다. 그래서 내 흑암에서 비추시는 빛인 예수님을 바라보아야 합니다.

> ¹ 태초에 말씀이 계시니라 이 말씀이 하나님과 함께 계셨으니 이 말씀은 곧 하나님이시니라 ² 그가 태초에 하나님과 함께 계셨고 ³ 만물이 그로 말미암아 지은 바 되었으니 지은 것이 하나도 그가 없이는 된 것이 없느니라 ⁴ 그 안에 생명이 있었으니 이 생명은 사람들의 빛이라 ⁵ 빛이 어둠에 비치되 어둠이 깨닫지 못하더라
>
> (요 1:1-5)

이 말씀이 바로 성자 하나님이십니다. 말씀이 육신이 되어 오신(요 1:14) 예수님이십니다. 《빙점》의 작가 미우라 아야코는 《참빛과 사랑을 찾아서》라는 책에서 다음과 같이 썼습니다.

"빛에 등을 돌리고 있을 동안에는 나는 나 자신의 불길한 그림자만을 보았다. 그러나 빛 쪽을 향했을 때, 그림자는 사라지고 거기엔 성스러운 따뜻한 빛만이 있었다."

그 빛이 하나님이 보시기에 좋았다고 합니다. 나에게서 빛이 보이면 누구라도 좋아하게 되어 있습니다. 누구라도 빛을 받아들이면 하나님이 보시기에 좋은 것입니다.

도스토예프스키가 "누군가를 사랑한다는 것은 그를 하나님께서 의도하신 모습으로 보는 것이다"라고 말했습니다. 창조의 시선, 하나님의 관점으로 한 영혼을 바라보는 것이 사랑입니다. 하나님 앞에서는 나의 연약함, 허물, 수치와 조롱도 사랑의 조건이 됩니다. 손녀딸이 연약하다고 제가 미워합니까? 그것 때문에 더 사랑합니다. 여러분도 어떤 허물과 수치와 조롱 가운데 사셨더라도, 하나님이 "보시기에 좋았더라" 하시는 인생인 것을 믿기 바랍니다. 우리는 빛을 보며 살고, 빛에 거하며, 빛을 창조하며 살아야 합니다.

⁴ 빛이 하나님이 보시기에 좋았더라 하나님이 빛과 어둠을 나누
사 ⁵ 하나님이 빛을 낮이라 부르시고 어둠을 밤이라 부르시니라
저녁이 되고 아침이 되니 이는 첫째 날이니라 (창 1:4-5)

하나님이 빛과 어둠을 나누십니다. 모으는 것이 먼저가 아니라 나누는 것을 먼저 하십니다. 내 속에도 어둠과 빛이 공존합니다. 하지만 빛이 오면 어둠은 물러가야 합니다. 다른 사람은 몰라도 내 속에 빛의 생각과 어둠의 생각이 있음을 내가 압니다. 삶이 혼란하고 불안한 것은 내가 빛 가운데 있지 않기 때문입니다.

분리를 한다는 건 '선택한다'는 말과 같습니다. 세상과 하나님 나라가 하나될 수 없기에, 우리는 구별된 삶을 살아야 합니다. 날마다 빛의 생각을 구별하고 선택해야 합니다. 백 퍼센트 죄인인 나이기에 '예수님이라면 어떻게 하셨을까?'를 날마다 생각해야 합니다. 이것이 빛의 생각입니다. 내 중심의 생각은 어둠의 생각입니다. 큐티는 말씀으로 탐심을 정리하는 훈련입니다. 예수님 믿는다고 늘 행복하고 다 편안한 것이 아닙니다. 말씀 충만이 성령 충만이고, 성령 충만은 갈등 충만입니다. 하나님 앞에 갈 때까지 빛의 생각과 어둠의 생각을 나누며 영적인 갈등과 훈련을 거쳐야 합니다.

"빛이 어둠에 비치되 어둠이 깨닫지 못하더라"(요 1:5)고 했습니다. 성령님이 깨닫게 해 주시지 않으면 우리 생각이 빛의 생각인지 어둠의 생각인지 깨달을 수 없습니다. 말씀의 빛이 들어가야 보입니다. 집에서 열심히 화장을 하고 밖에 나와서 거울을 보면 눈썹 위에 앉은 분가루들이 보입니다. 빛으로 나아가면 먼지까지 다 보입니다.

내가 빛으로 다른 사람을 인도하고 나의 빛을 비추어야 하는데, 나에게 어떤 빛의 능력이 있을까요? 바로 나의 수치와 연약과 허물을 드러내는 것이 다른 이들을 비추는 빛이 됩니다. 그 빛으로 나갈 때만 다른 사람의 혼돈과 공허와 흑암을 알을 품듯이 품을 수 있습니다.

빛의 생각이란, 말씀의 빛으로 내 죄와 허물을 보고 드러내는 것입니다. 인간적으로 드러내면 죄책감과 수치심으로 무너지지만 하나님의 빛, 말씀의 빛 가운데 드러내면 나도 살아나고 다른 사람도 살리게 됩니다.

다말과 시아버지 유다와의 동침을 오픈하지 않았다면, 다윗이 밧세바와의 불륜을 오픈하지 않았다면 우리가 성경에서 은혜를 받았을까요. 우리의 허물을 죄의식으로만 해결하려고 하면 가룟 유다처럼 자살의 결말에 이르지 않겠습니까.

1907년 평양의 회개운동은 길선주 장로가 친구의 돈을 훔친 것을 고백함으로 시작됐습니다. 감추고 가는 것이 행복이 아닙니다. 내 속의 어둠의 생각을 자복하고 회개할 때 동일한 부흥이 우리 가운데 있을 줄 믿습니다.

나의 빛이 될 허물과 과거, 수치의 사건은 무엇입니까? 내 속의 빛의 생각과 어둠의 생각은 어떤 것이 있습니까?

하늘을 보며 사는 인생이 보시기에 좋은 인생이다

[6] 하나님이 이르시되 물 가운데에 궁창이 있어 물과 물로 나뉘라 하시고 [7] 하나님이 궁창을 만드사 궁창 아래의 물과 궁창 위의 물로 나뉘게 하시니 그대로 되니라 [8] 하나님이 궁창을 하늘이라 부르시

니라 저녁이 되고 아침이 되니 이는 둘째 날이니라 (창 1:6-8)

하나님은 계속해서 분리를 통해 질서를 부여해 가십니다. 지구가 원래 물로 덮여 있었는데, 깊은 물(2절)을 궁창 위의 물과 아래의 물로 나누시고 궁창을 만드십니다. 질서를 갖추시고 피조물이 안락하게 살도록 환경을 조성하십니다. 인간의 타락으로 노아의 홍수가 발생하자 이 물의 질서가 깨지고 궁창 위의 물이 쏟아져서 환경이 악화되었다고 합니다. 그 이후로 900세까지 살던 인간의 수명이 지금처럼 줄어든 것입니다.

궁창 아래의 물은 강과 바다이고, 궁창 위의 물은 구름 가운데 내재된 물입니다. 하늘 위에 그렇게 엄청난 양의 물을 저장해 놓으신 것이 얼마나 놀라운 일입니까. 하늘에서 구름이 그 물들을 이고 지고 있다가 필요할 때마다 이른 비와 늦은 비로 내려주시는 것입니다. 알맞게 땅을 적셔 농사도 짓고, 대기권 안에 공기도 주셔서 살게 하시니 그것만으로도 우리가 하나님을 믿어야 하지 않을까요? 태양이 작열할 때 수증기가 하늘로 올라가고, 때에 맞게 비로 내리듯이 불같은 우리의 고난 중에 드리는 기도가 하나님께 올라가면, 하나님께서 저장해 두셨다가 가장 합당한 때에 은혜의 폭포수로 내려 주실 것입니다. 힘들 때 기도를 쌓아 놓으면 때마다 우리의 필요를 따라 주십니다. 우리의 모든 기도를 하나님이 다 쌓아 놓으신 줄 믿습니다.

궁창이 하늘답게 틀을 갖추어 갑니다. 그런데 하늘에도 위의 물과 아래의 물이 있습니다. 우리도 각자 주의 일로 선택을 받습니다. 어떤 이는 목사로, 직장인으로, 또 어떤 이는 집에서 살림하고 아기 키우는 일로 선택을 받습니다. 그 환경마다 주어진 질서가 있습니다. 하지만 역할로는 위아래가 없습니다. 모든 것이 다 주님이 택해 주신 주의 일이니 자랑할 것도 불평할 것도 없습니다.

그런데 재미있는 것은, 엿새간의 창조 사역 중에 늘 빠지지 않는 "보시기에 좋았더라"가 유독 이 궁창에만 빠져 있는 것입니다. 가장 멋지고 높은 하늘에 "보시기에 좋았더라"가 없는 것은 높은 것에 늘 문제가 많기 때문입니다. 세상에서도 높은 자리에 올라가면 문제가 많이 생깁니다.

우리는 파랗고 높고 깨끗한 것에 대한 환상을 버려야 합니다. 땅도 높이 있으면 보기에는 아름다울 것 같지만 산소가 부족해서 살기가 힘이 듭니다. 맨 아래, 온갖 오물과 쓰레기를 받아내는 땅이 옥토이고 보시기에 좋은 땅입니다. 높은 것이 얼마나 사탄의 밥이 되기 좋은 조건인지 모릅니다. 어떤 학자들은 그 궁창에 사탄 루시퍼가 거했기에 보시기에 좋았더라는 표현을 쓰지 않았다고도 말합니다. 높은 곳에는 스스로 하나님같이 되고자 하는 사람들이 있기 마련입니다.

언젠가 신문에 이런 칼럼이 실렸습니다.

은퇴 후 가장 어려움을 겪는 사람이 누구라고 생각하는가? 갑(甲) 생활을 오래한 사람이다. 대형 전자 혹은 자동차 회사, 대형 유통 회사, 텔레콤 회사 임원 등이 대표적인 갑들이다.

이들의 권력은 하늘을 찌른다. 그들의 말 한마디에 수많은 을과 병은 울기도 하고 웃기도 한다. 웬만한 을과 병의 생사여탈권을 갖고 있다. 수많은 을과 병은 이들에게 눈도장을 찍는 것을 삶의 기쁨으로 생각한다. 이들과 골프를 치는 것, 이들과 술 한잔 먹는 것은 바로 성과로 연결되기 때문이다. 젊은 시절부터 갑 생활을 오래한 사람들은 별도로 노력하지 않는 한 교만할 수밖에 없다. 나이든 사장까지 자기 앞에서 굽실굽실하고 슬슬 기는데 어떻게 그런 생각이 들지 않겠는가?

그래서 자기도 모르는 사이에 어깨에 힘이 들어간다. 사람도 똑바로 보지 않는다. 늘 삐딱한 시선으로 '저 친구가 무슨 목적으로 나를 만나려는 걸까'라는 생각을 하기 쉽다. 늘 대접받는 데 익숙해진다. 처음에는 대접받는 것이 어색하지만 시간이 지나면서 대접받지 못하면 화가 난다. 그런 현상이 집에까지 이어지는 경우도 있다.

그런 갑 생활을 십여 년 이상 하게 되면 온 얼굴과 몸에 '갑 현상'이 밴다. 그런 사람들은 평생 사람들 앞에서 아쉬운 말을 해본 적이 없다. 고객이란 개념도 없다. 누구를 위해 고개를 숙인다든지 누구를 만족시킨다는 것은 상상하기 어렵다.

그렇기 때문에 그 자리를 물러나게 되면 엄청난 문화적 충격을 받는다. 온 세상이 자기를 배반했다고 생각한다. 그렇게 골프를 치자던 자들이 전화 한 통 없고, 명절이면 줄줄이 자신을 찾아와 비굴한 웃음을 짓던 사람이 한순간에 사라진 것에 배신감을 느끼기도 한다. 그렇기 때문에 갑 생활을 오래하다 현직에서 물러나 은퇴하면 정신적으로 무너지는 경우가 많다.

갑 생활을 오래한 사람뿐 아니라 모든 중년은 은퇴 후 가정에서 위기를 겪을 가능성이 높다. 그런 위기를 극복하기 위해서는 가정에 뭔가 기여할 수 있어야 한다. 불편함을 주는 대신 도움이 되는 인간으로 변신해야 한다.

높은 곳에 있는 갑(甲)들이 사회에서나 가정에서나 문제를 일으킵니다. 이전의 제 모습을 생각해 보면 하나님이 보시기에 좋았을 것이 참 없었습니다. 저는 슬픔의 딸로 태어났습니다. 아들을 낳고자 온갖 열심을 다했던 어머니는 아들 이름 "김양재"를 목사님께 점지받고 파란 이불까지 준비해 놓고 기다렸지만, 넷째로 또 딸인 저를 낳으셨습니다. 저를 낳고 어머니는 인생을 오직 하나님께 드렸습니다.

손녀들을 보면 어린것들이 아무리 잘못을 해도 자기의 힘이 되어 줄 엄마와 할머니가 있으니 자신감이 넘치는데, 저는 그렇게 저를 돌봐 줄 어머니가 없어서 외롭고 슬펐습니다. 어머니는 늘 전도하고, 기도하고, 구제하고, 예배드리고, 설교를 필기하고 남의 집 심방하고 빨래해 주러 다녔습니다. 그래서 저에게 어머니는 정말 공기같이 안 보이는 사람이었습니다.

어머니에게는 아들이 아니라 딸로 태어난 제가 상처의 근원이었습니다. 교회를 다니고 4대째 예수님을 믿어도 저를 낳고 정신과 치료를 받으실 정도로 제 출생이 충격이었습니다. 그걸 회개하시기 위해 어머니는 몸빼바지를 입고 직분도 없이 '예수에 미친 사람'이라는 조롱과 무시를 받으며 살았습니다.

그래서 우리 네 딸들은 어머니를 겉으로 속으로 무시했습니다. 딸들이 다 공부도 잘하고 반듯하니 궁창에 앉아서 어머니를 무시했습니다. 학교 가는 길에 몸빼바지를 입고 새벽기도에서 돌아오는 어머니를 마주쳐도 모른 척하고 지나갔던 기억이 납니다. 어머니는 기도만 하면 우는데 그게 너무 창피했습니다. 대체 어머니란 사람은 왜 사는가, 나는 대체 뭔가, 졸업식도 안 오는 사람이 어머니인가. 그것이 저의 혼돈과 공허였습니다.

하지만 제가 결혼 후 남편에게 끝까지 순종하면서 살 수 있었던 것은 어머니의 힘이었습니다. 제가 그렇게 어머니를 무시하고 살았기에 저도 남편에게 무시당하는 것이 당연하다 여겼습니다. 어머니의 믿음이 귀한 걸 몰랐기에 어머니가 설교를 필기한 대학노트 수십 권을 집이 망해서 이사 갈 때 제일 먼저 버렸습니다. 귀한 줄도 모르고 한 번 들춰 본 적도 없었습니다. 빛이 들어오지 않고 높은 궁창에 있어서 그게 얼마나 귀하고 값진 것인지 알 수 없었습니다. 그러나 남편의 고난을 통해 예수님을 만나니 정말 삶으로 가르친 것만 남아서, 우리 자매들이 어머니처럼 내 자식보다 남들 생각하는 것이 몸에 배어 있습니다. 인간의 힘으로는 제가 이렇게 사역할 수 있겠습니까. 제게 말씀의 은사를 주셨다면 어머니의 이타적인 삶 때문에, 보시기에 좋았던 그 삶 때문에 이 은혜를 주셨다고 생각합니다.

아무리 어리고 약해도, 말씀만 들리면 쓰임을 받습니다. 별 인생이 없는 것을 알 때에 별과 같은 인생이 됩니다. 어머니가 남을 위해 살았던 것을 보고 배웠기에 저는 핍박당하고 사는 분들을 볼 때에 너무 가슴이 아픕니다. 그러면서 어머니를 생각합니다. 어머니의 본으로, 성령 하나님의 도우심으로 제가 여기까지 온 것에 감사드립니다.

보시기에 좋은 인생이 되기 위해 말씀이 들려야 합니다. 우리의 혼돈과 공허를 지극한 애정으로 품고 가고, 내 곁의 사람들을 그렇게 품고 가야 합니다. 벽창호 같은 내 남편과 내 자녀를 품고 가면 '이르시되'의 말씀이 들리게 될 줄 믿습니다. 또 우리는 빛 된 인생이 되어야 합니다. 내 빛은 바로 내 허물과 수치입니다. 하나님께서 모든 것을 창조의 시선으로 보시기에 이제 내놓기만 하면 "보시기에 좋았다"고 하실 줄 믿습니다.

궁창 위에 앉아서 '갑'으로 살고 있습니까? 궁창에서 내려와 하나님만 바라보고 사는 겸손한 사람이 되게 해 달라고 기도합시다. 내가 연약할수록 빛 된 인생이 되어서 하나님이 '보시기에 좋았더라' 하시는 인생이 되기를 소망합니까?

말씀으로
기도하기

나의 외모와 중심은 하나님이 보시기에 어떤 모습입니까?

말씀을 듣는 인생이 보시기에 좋은 인생입니다.(창 1:3)

하나님께서 "이르시되"의 말씀으로 천지를 창조하셨습니다. 하나님의 말씀인 성경을 읽고 듣고 묵상하여 삶의 현장에서 창조 사역을 하는 인생이 되게 하옵소서.

빛을 보며 사는 인생이 보시기에 좋은 인생입니다.(창 1:3-5)

하나님은 첫째 날 먼저 빛을 창조하시고 흑암에 질서를 부여하십니다. 참 빛인 예수님을 만남으로 나 자신을 보고 내 죄를 보게 하옵소서. 하나님의 창조 사역은 모으는 것보다 빛과 어둠, 낮과 저녁으로 나누는 것이 먼저입니다. 말씀으로 내 속의 빛과 어둠을 나누며 빛의 생각으로 채우게 하옵소서.

하늘을 보며 사는 인생이 보시기에 좋은 인생입니다.(창 1:6-8)

둘째 날 하나님은 궁창 위의 물과 아래의 물로 나누십니다. 태양열로 뜨거워진 공기가 수증기가 되어 올라갔다가 비로 내리듯이, 불같은 고난 중에 드리는 우리의 기도가 하나님께 올려지고 가장 합당한 때에 은혜의 비로 내릴 것을 믿습니다. 엿새간의 창조 사역 중에 빠지지 않는 "보시기에 좋았더라"가 궁창에 대해서는 빠져 있습니다. 높은 것일수록 하나님께서 보시기에 좋은 것이 없음을 알고, 낮은 곳에서 은혜를 누리게 하옵소서. 낮은 자리에서 가족과 지체의 어둠을 품고 받아내며 하나님 보시기에 가장 좋은 인생을 살게 하옵소서.

우리들
묵상과 적용

저는 노름하는 무능한 아버지와 생계를 책임져야 했던 어머니와의 불신가정에서 자라났습니다. 22세 때 처음 교회에 나갔는데 아버지가 주일마다 핍박하며 화를 내셨기에 겨우 세례만 받고 그 이후에는 교회에 가지 못했습니다. 권사님이셨던 시어머니는 예수 믿는 며느리를 얻게 해달라는 기도가 응답되지 않자 시집와서라도 믿게 해 달라고 기도하셨고, 선을 본 자리에서 제가 세례는 받았다고 말씀드렸더니 무척 기뻐하셨습니다.

결혼 후 시어머니는 남편의 월급을 직접 관리하셨습니다. 어느 날은 자다 눈을 떠보니 시어머니가 잠긴 문을 따고 들어오셔서, 출근하는 남편이 잘 자야 하는데 아이가 우는데도 잠만 잔다며 저를 야단치셨습니다. 우는 손녀를 업어 주신다고 밤에 저희 방에 오시는 것도 스트레스였습니다. 저는 쌓인 것이 폭발해 친구 집에서 자고 들어가겠다고 전화를 드렸고, 크게 노하신 시어머니는 이 일로 친정어머니를 부르셔서 딸 교육을 잘못 시켰다고 야단을 치셨습니다. 남편은 주로 해외나 지방 근무를 했기 때문에 저는 아이들에게 집착하며 학군이 좋은 곳으로 전세를 얻어 이사를 갔습니다. 늘 그것밖에 못하냐며 잔소리를 해대는 저에게 딸은 욕을 해댔고, 아들은 PC방을 전전하며 공부를 하지 않았습니다. 시어머니의 교회 목사님이 아들의 이름을 '주신복'으로 지어 주셨는데 저는 그런 아들에게 "그러고 돌아다니면 하나님께 영광이 되지 않으니 이름값 좀 하라"고 했고, 아들은 이름을 바꿔 달라고, 이름 때문에 짜증난다고 소리쳤습니다.

말씀 묵상부터 배우는 것이 시간 낭비 하지 않는 것이라고 하셨기에 딸과 아들을 데리고 어려서부터 큐티하며 기도를 했습니다. 딸이 공부를 썩 잘하지 못했어도 하나님이 사랑하셔서 말씀으로 교훈하시고 책망하시며 바르게 교육하시어 하나님의 딸로 온전케 하셨고, 그동안의 기도를 쌓아 두셨다가 은혜로 대학에도 합격시켜 주셨습니다.

그러나 학벌 우상과 돈 우상이 있는 저는 남편의 퇴직금과 그동안 모은 돈을 반포의 모 백화점에 투자했다가 사기를 당하는 사건이 왔습니다. 늘 궁창에 거하며 하나님의 주권과 인간의 책임을, 하나님의 약속을 받으며 조화롭게 이루지 못했기에 남편을 중동으로 보냈고, 장래 일을 알게 하시는 "이르시되"의 말씀을 듣지 않았기에 남편과 시어머니에게 뭐라 말할지 앞이 캄캄했습니다. 그러던 중 사춘기를 심하게 지나는 아들로 인해 남편이 해외근무 중 귀국하게 되었습니다. 저는 남편이 투자한 백화점의 근황을 물어볼까 봐 조마조마했습니다.

귀국한 지 일주일이 되었을 때 남편과 큐티를 하며 용기 내어 말했더니, 남편은 이미 그곳에서 인터넷을 통해 사건의 전말을 알고 있었습니다. 자신도 힘들었지만 큰돈을 잃은 내 충격이 얼마나 컸을까 걱정됐다고 했습니다. 남편의 위로가 감사했고 나를 낳으신 하나님이 나의 혼돈과 공허를 품고 계심을 깨달았습니다.

하나님의 말씀을 잘 들으라고 귀를 주셨는데, 잘 듣지 못하던 제가 물질과 자녀의 고난과 공동체를 통해 하나님 나라 언어를 조금씩 배워 가고 있습니다. 나의 수치와 연약을 창조의 시각으로 바라보고 빛을 비추어 내게 허락하신 가족과 이웃들을 살리기 원합니다.

기도

    하나님 아버지, 내 기도가 하늘에 쌓여 때가 되면 폭포수 같은 은혜로 내려 주실 것을 믿습니다. 하나님 보시기에 좋은 인생이 되기 위해 말씀을 들어야 하는데, 아직도 듣기 싫어 귀를 막고 있음을 고백합니다. 말씀이 육신이 되어 독생자의 영광을 보여야 하는데, 말씀이 육신 되지 못합니다. 빛과 어둠을 갈라내지 못합니다. 하늘을 보며 살아야 하는데 땅과 하늘을 견주어 보며 두 마음을 가졌음을 고백합니다. 하늘이라고 불러주는 것만 좋아서 높은 위치만 탐했습니다. 주님 보시기에 좋은 것이 하나도 없는 인생이 될까 봐 두렵고 떨립니다. 주여, 불쌍히 여겨 주시옵소서.

    부부로, 가족으로 살면서도 가치관이 달라 서로 무시하고 조롱합니다. 겉으로 교양 있는 모습으로 살면서, 창조의 시선으로 바라보지 못해 흑암과 공허와 혼돈뿐인 저희 가정을 불쌍히 여겨 주시옵소서. 이제 하나님의 음성이 귀를 뚫고 들어오게 하여 주시옵소서. 빛이 들어오게 하여 주시옵소서. 하늘을 보고 살 수 있도록 도와주시옵소서. 높고 높은 자리에서 외롭고 힘들어하지 말고 겸손하게 내려오게 하옵소서.

　지극한 관심과 애정으로 엿새 동안 천지만물을 창조하신 주님처럼, 천국 가는 그날까지 혼돈이 없어지지 않는다 하더라도 애정과 기도와 관심으로 다른 이들을 품는 우리가 되게 하여 주시옵소서. 그래서 창조 사역을 할 수 있도록 역사하여 주시옵소서. 이것이 "보시기에 좋았더라"의 인생인 것을 믿습니다. 예수님의 이름으로 기도합니다. 아멘.

하나님 아버지,
어떤 상황에서도 다른 사람을 섬기며
빛을 비추는 삶을 살기 원합니다.
말씀하여 주옵소서.
듣겠습니다.

섬기며 비추는 삶

창세기 1:9-19

    저명한 사이코패스 연구자로 알려진 로버트 D. 헤어 박사는 그의 저서 《진단명 사이코패스》에서 사이코패스를 반사회적 성격장애로 규정합니다. 사람의 좌뇌는 언어를 관장하고, 우뇌는 공간 지각, 음악적 이해, 감정적 경험 등을 관장합니다. 일반적으로 언어를 이해할 때 복잡한 기능이 분산되면 속도가 느려지고 오류가 발생할 확률이 높아집니다. 그래서 한쪽 뇌에서만 그 일을 수행하는 것이 효율적인데, 사이코패스들은 언어중추가 양쪽 뇌에 있어서 양쪽의 대뇌피질이 주도권을 장악하려 서로 경쟁한다고 합니다. 그래서 이들은 서로 모순되는 말을 눈 하나 깜짝하지 않고 태연하게 진술하며, 그 말에 통일성이 없고 이해하기가 어렵습니다. 말하자면 가사는 알아도 음악은 모르는 등 오직 사전적 의미만 알기에 단어를 자유자재로 구사하지만 단어에 해당하는 감정을 알지도 느끼지도 못한다고 합니다.

    그래서 그들은 오직 현재에만 몰두하고 눈앞의 기회를 절대 놓치지 않는 특성을 가집니다. 유타(Utah) 주의 유명한 연쇄살인범이자 사이코패스인 게리 길모어는 〈플레이보이〉 지(誌)와의 인터뷰에서 자신이 붙잡힌 이유는 "참을성이 없어서였다"고 답했습니다. 골치를 썩으며 걱정하는 것을 포기했고, 충동적으로 반응하기에 그는 수감 중에도 다른 수감자를 망치로 때려죽여 "해머 스미스"라는 별명이 붙었다고 합니다.

단지 이런 사람만 사이코패스겠습니까. 성경을 문자적으로만 알고 은혜도 체험도 없으면 그 지식으로 주변 사람을 다 죽입니다. 영적·정신적·육적으로 이렇게 감당하기 힘든 사이코패스 같은 사람들이 내 배우자와 자녀로 자리매김하고 있는데, 이들을 어떻게 섬길 수 있겠습니까. 하지만 하나님께는 불가능이 없기에 이런 힘든 사람마저도 섬기게 해 주십니다. 그러면 어떻게 섬기는 삶을 살아야 할까요?

기본적인 마음밭이 준비되어야 섬긴다

⁹ 하나님이 이르시되 천하의 물이 한 곳으로 모이고 뭍이 드러나라 하시니 그대로 되니라 (창 1:9)

하나님이 셋째 날과 넷째 날의 사역을 시작하십니다. 빛과 어둠도 나누셨고 궁창 위의 물과 궁창 아래의 물도 나누셨는데 이제 바다와 땅에 대해서는 "모이라"고 말씀하십니다. 나눌 것과 모일 것이 다릅니다. 바다와 땅을 모이고 드러나라고 하시니, 한쪽은 모여서 바다가 되고 또 한쪽은 모여서 마른 땅이 되었습니다. 둘 다 없어져야 할 것이 아니고 각자 알맞게 쓰임을 받는 것입니다.

바다는 물이 모여서 더 풍성해집니다. '모인다'는 단어는 '함께 묶이고 튼튼하게 한다'는 뜻입니다. 빛이 나에게 와서 나의 정(淨)한 것과 부정(不淨)한 것을 늘 나누다 보면 이제 모이라고 하실 때가 옵니다. 예배로, 공동체로 함께 묶여서 튼튼하게 되면 능력의 역사로 마른 땅도 되고 뭍으로 드러나기도 합니다. 내 현주소를 보게 하십니다.

쓸모없는 땅으로 물에 덮여서 그 모습이 안 보일 뻔했는데, 물이 마르듯이 힘든 과정을 통해서 드러나고 보니 이제 식물이 자라고 사람이 거하는 환경이 되었습니다. 물을 말리시지 않았으면 땅은 존재할 수 없었을 것입니다. 목장에서도 어떤 사람은 상상 못할 죄와 고난을 오픈해서 드러나는데, 또 다른 사람은 고난이 없어도 그 나눔을 들어서 간접 경험을 하고 풍성한 물이 됩니다. 이것이 윈-윈(Win-Win)입니다. 드러나는 사람은 사실 그 과정이 너무나 힘들지만 그렇게 더욱 쓰임을 받는 것입니다. 사람이 땅에 거하지 않습니까. 바다보다는 땅이 더 쓰임을 받는 것입니다. 우리는 벌거벗어 드러내지 않고 오직 풍성한 바다만 되기 원하지만 그래서는 안 됩니다. 모이고 드러나는 가운데 섬기는 삶을 위한 기본적인 토양을 만들어 가시기 때문입니다.

> [10] 하나님이 뭍을 땅이라 부르시고 모인 물을 바다라 부르시니 하나님이 보시기에 좋았더라 (창 1:10)

하나님께서 바다와 땅을 만들어 놓고 보시기에 좋았다고 하셨습니다. 이제 이 땅에서 물고기와 식물들이 살 것입니다. 무엇보다 인간이 이 땅에서 살아갈 생각을 하니 하나님이 기쁘셨습니다. 하늘은 "보시기에 좋았더라"는 말씀이 없는데, 땅은 보시기에 좋았다고 하십니다. 땅에는 식물과 인간이 삽니다. 유리병과 양철 조각, 플라스틱, 아프게 하고 찌르는 것들과 더러운 오물이 높은 곳에서 낮은 곳으로 내려옵니다. 이것을 다 받아내는 것이 땅입니다. 믿음의 땅 옥토가 되어서 사이코패스 같은 내 식구들뿐 아니라 어떤 사람도 감당할 수 있는 우리가 되기를 바랍니다. 숨어서 혼자 은혜를 받는다 하지 말고 땅으로 드러나서 갖은 상처와 쓰레기를 다 받아내는 마음밭이 되기를 바랍니다.

나는 다른 사람을 섬기기 위한 기본적인 마음밭이 준비되어 있습니까? 내가 받아내야 할 쓰레기, 오물, 유리조각 같은 식구와 지체는 누구입니까?

종류대로 열매를 맺어야 섬기는 삶을 산다

¹¹ 하나님이 이르시되 땅은 풀과 씨 맺는 채소와 각기 종류대로 씨 가진 열매 맺는 나무를 내라 하시니 그대로 되어 ¹² 땅이 풀과 각기 종류대로 씨 맺는 채소와 각기 종류대로 씨 가진 열매 맺는 나무를 내니 하나님이 보시기에 좋았더라 (창 1:11-12)

"종류대로"라는 말이 본문에 세 번이나 나옵니다. "각기 종류대로"라는 말만 보아도 진화론이 틀렸음을 알 수 있습니다. 쥐가 변해서 박쥐가 되고, 원숭이가 변해 사람이 되는 게 아닙니다. 풀, 채소, 나무 다 각각 그 종류에 따라 지으셨습니다. 고건 전 서울대 컴퓨터공학부 교수가 "나는 왜 크리스천인가"라는 국민일보 칼럼에서 간증을 하면서, 이제 현대의 생물학도는《종의 기원》을 거의 읽지 않는다고 했습니다. 20세기 노벨상 수상자들의 98퍼센트가 하나님을 인정한다고 합니다. 이제까지 발견된 화석들 가운데 중간 형태의 화석이 없기 때문에 오히려 화석들이 진화론을 전면으로 부정하는 증거가 되고 있다고 합니다.

그렇습니다. 하나님께서 종류대로 구별해서 창조하셨습니다. 그래서 이것을 함부로 교배하고 혼란시키는 것은 죄입니다. 자연 질서에 있어서도 지켜야 할 도덕적 자세가 있습니다. 각기 종류별로, 풀로, 채소로, 나무로 존재하게 해야 하는데 초식동물인 소에게 동물성 사료를 먹이며 자연 법칙을 무시했으니 광우병이 하나님이 주신 천형(天刑)이 아니고 무엇이겠습니까.

하나님이 식물을 왜 만드셨습니까? 오직 사람과 동물에게 먹히는 것이 식물의 역할입니다. 그런데 내가 야망대로 열매를 맺겠다고 하면 그게 지옥이 됩니다. 어떤 작은 풀과 채소라도 그저 종류별로 열매만 맺으면 되는데 들풀이 노력해서 아름드리나무가 되겠다고 하니 이것이 지옥입니다. 풀도, 지렁이도, 하루살이도 모두 독창적인 하나님의 작품입니다. 종류대로 열매만 맺으면 보시기에 좋았더라고 말씀해 주시는 인생이 됩니다.

"씨"는 '정액', '후손'이라는 뜻이고, "맺다"라는 동사는 '파종하다, 번식하다, 창조하다, 만들다, 베풀다' 등의 의미를 갖습니다. 하나님이 씨앗을 주셔서 열심히 농사를 지으면 어떤 씨앗이든 창조적인 능력이 그 속에 있기에 열매를 맺게 됩니다. 그 어디에도 열매 맺지 못할 나무나 풀은 없습니다. 내가 열매 맺고 먹힘을 당하지 않으면 찍혀서 불에 던지우는 결말만 남습니다(마 3:10).

13 저녁이 되고 아침이 되니 이는 셋째 날이니라 (창 1:13)

열매를 맺으려면 저녁이 되며 아침이 되어야 합니다. 땅에 발을 디디고 살고 있는데 어떻게 어둠이 없겠습니까. 날마다 고난의 저녁이 있지만 또 날마다 아침이 있습니다. 그 과정 속에 열매가 맺혀 갑니다.

풀과 채소와 나무들을 하나님이 종류대로 보시기에 좋았다 하신 것처럼, 세상에도 여러 종류의 사람들이 있지만 하나님이 창조하셨고 좋아해 주십니다. 빈부 격차와 학력 격차를 따지면서 한 종류만 좋아하고 특별한 관계를 원하는 것은 상처와 욕심이며 죄입니다. 거룩한 관계는 있어도 특별한 관계는 이 세상에 없습니다.

우리들교회의 전도용 소식지에 목장 소개가 있습니다. 땅을 드러내고 종류대로 열매 맺는 샘플이 바로 이 '목장 소개'가 아닌가 생각합니다. 창피할 것이 하나도 없고 너무나 재미있습니다.

말씀이 안 들리는 귀머거리 목장, 아내가 남편 때문에 너무 뿔난 뿔난 목장, 각양각색 목장, 마마보이 목장, 경륜과 경마, 경정으로 대박을 꿈꾸다가 물질 고난으로 우리들교회에 오신 마사회 목장, 돈 고난이 전공인데 이 세상 가치관으로 살다가도 만나면 저세상 천국을 갈 게 너무 기뻐지는 저세상 목장, 자녀 고난과 물질 고난이 전공과목인 고혈압 목장, 아내를 목발 삼아서 절름절름 끌려오는 목발 목장, 사고가 전공과목으로 몸이 불편하신 분들이 각지에서 모이는 전국구 목장, 허탄한 사람들이 모여서 통탄할 고백을 하고 감탄을 하는 3탄 목장, 목자는 다단계, 부목자는 경마로 망한 부도 목장, 알코올중독과 도박중독이 있음에도 BMW를 몰고 다니는 정신병원 목장, 부부가 부도로 치고받고 싸우고 교도소까지 다녀온 K-1 목장, 고난 없이 평범하고 촌스러운 평촌 목장, 영적 지진아들만 모여 있다는 '여기까~지' 목장, 목원들의 평균연령이 59세인 천국 가까운 목장, 박사, 의사, MBA, 오케스트라 단원 등이 많지만 정작 믿음이 없다는 빛 좋은 개살구 목장, 말씀이 하나도 안 들린다는 밝혀도 모르쇠 목장, 하나님을 하늘에 계신 아버지가 아닌 고향 마을에 계신 아버지로만 여기는 믿기 힘든 목장, 목자부터 목원까지 다 집도 없고 생업에 바빠서 목자 혼자 목장보고서 쓰고 아무도 리플 못 다는 무플 목장….

압도적으로 전공과목에 바람과 부도가 많은데, 이런 것들이 땅으로 드러나서 모든 사람에게 종류대로 보여 주니 너무나 감사하고 교회 생활이 즐거운 것입니다.

하나님이 지으신 종류와 목적대로 열매 맺는 삶을 살고 있습니까? 저녁이 되고 아침이 되는 고난의 과정을 거치며 잘난 것, 못난 것에 대한 욕심과 편견을 버리고 있습니까?

세상을 비추는 삶이 섬기는 삶이다

> **14** 하나님이 이르시되 하늘의 궁창에 광명체들이 있어 낮과 밤을 나뉘게 하고 그것들로 징조와 계절과 날과 해를 이루게 하라
>
> (창 1:14)

빛과 어둠을 나누시더니, 이제는 낮과 밤을 나뉘게 하십니다. 밤이 어둠의 세력이거나 혹은 나쁘다는 의미가 아니라, 최초로 하루를 주시는 것입니다. 밤과 낮을 주셔서 밤에는 자고 낮에는 일하게 하십니다. 이렇게 나누어 주시는 것이 쉼이고 사랑입니다. 잘 자고 잘 일어나야 잘 섬길 수 있습니다. 낮과 밤에 잘 순종하는 사람, 잘 자고 잘 먹고 낮에는 일하고 밤에 자는 사람에게는 징조와 계절과 날과 해를 알게 하십니다. 낮에 일하고 밤에 쉬며 하루를 잘사는 것이 최고의 적용입니다.

> **15** 또 광명체들이 하늘의 궁창에 있어 땅을 비추라 하시니 그대로 되니라 (창 1:15)

이렇게 낮과 밤을 잘 지키면 하늘의 궁창에 광명체를 두셔서 비치라고 말씀하십니다. 처음에 "빛이 있으라" 하실 때에는 비추라는 말씀이 없었습니다. 태양은 자신의 유익과는 상관없이 자신을 불태워서 지구의 생명을 살립니다. 나에게 빛이 임하면 우리는 비추는 인생을 살 수 있습니다.

> ¹⁶ 하나님이 두 큰 광명체를 만드사 큰 광명체로 낮을 주관하게
> 하시고 작은 광명체로 밤을 주관하게 하시며 또 별들을 만드시
> 고 ¹⁷ 하나님이 그것들을 하늘의 궁창에 두어 땅을 비추게 하시며
> (창 1:16-17)

큰 광명체로 낮을, 작은 광명체로 밤을 주관하게 하십니다. 대단한 태양도 파르스름하고 창백한 점 하나에 불과한 지구를 위해 나중에 창조되었습니다. 내가 큰 광명체인가, 작은 광명체인가는 중요하지 않습니다. 그 모든 낮과 밤의 주관자가 하나님이신 것이 중요합니다.

태양은 발광체가 되어서 스스로 비추지만 달은 태양빛을 반사해서 빛을 냅니다. 그러니 달이 태양 앞에 자랑할 것이 없습니다. 마찬가지로 내가 예수 그리스도를 힘입어 의롭게 되었는데 내가 빛을 비춘다고 어떻게 자랑할 수 있겠습니까. 우리에게는 생색낼 일이 없습니다. 예수 그리스도를 보기만 하면 살아나는 것처럼 나도 다른 사람들이 보기만 하면 빛을 비추어서 살아나게 해주는 역할을 해야 합니다. 그래야 섬기는 삶을 살 수 있습니다.

태양이 떠올라서 온 세상을 환하게 비추는 장관을 생각해 보면 너무

대단해 보입니다. 그런데 태양이 지구에게 없어서는 안 될 존재임에도 하나님이 이름을 주지 않으시고 그저 "큰 광명체"로 칭하십니다. 궁창에도 '보시기에 좋았더라'가 없었듯이 이들에게 이름을 주지 않으십니다. 왜일까요? 태양이 우상처럼 될 수 있기 때문입니다. 태양신을 섬기는 이방인들이 많습니다. 이스라엘의 므낫세 왕도 일월성신(日月星辰)을 섬기지 않았습니까(대하 33:3). 하나님은 창조 사역 가운데서 하나님 한 분만 영광받기를 원하십니다.

> **18** 낮과 밤을 주관하게 하시고 빛과 어둠을 나뉘게 하시니 하나님
> 이 보시기에 좋았더라 **19** 저녁이 되고 아침이 되니 이는 넷째 날이
> 니라 (창 1:18-19)

영원토록 나뉘어야 할 것이 바로 빛과 어둠입니다. 이렇게 나뉘어 가는 모습을 하나님이 보시기에 좋았다고 하십니다. 나 스스로 태양이라 여기며 지구 같은 인생을 하찮게 보면 안 됩니다. 내가 하찮은 빛이라 할지라도 내 평생 비추다가 가면 됩니다.

사이코패스의 성격은 마치 돌에 새긴 것 같아서 근본적으로 변화시키는 것은 거의 불가능하다고 합니다. 그래서 사이코패스 자녀를 둔 부모는 온갖 치료기관들을 전전하면서 돈을 쏟아부어도 자녀를 이해하거나 통제할 수 없다고 합니다. 가장 최선의 방법은 합리적이고 일관된 규칙을 주는 것인데, 이게 쉬운 일이겠습니까. 사이코패스 자녀들은 점점 더 부모

를 통제하고 이용하려 들고, 부모는 절망과 패배감 속으로 빠져듭니다.

어떻게 이런 사람을 섬길 수가 있을까요. 내 힘으로는 이 전쟁을 치를 수 없습니다. 내 배우자, 내 자식이 치유되지 않는다고 그 문제에 매여 아무것도 못한다면 이미 그것이 지옥입니다. 주님은 이제 비추라고 말씀하십니다. 사이코패스가 특별한 사람이 아닙니다. 내 지식으로 성경을 읽고 은혜도 없이 말씀으로 다른 사람을 찌르고 다니는 게 사이코패스입니다. 내 식구 때문에 아프면 다른 사람의 식구도 안타까워야 합니다. 어떤 상황이든 종류대로 비춰 주는 인생을 살아야 하는데 가족을 객관화하지 못하고 시간과 감정을 낭비합니다. 나아야만, 달라져야만 해결되는 것이 아닙니다. 주님은 현재의 상황 그대로 이제 비추라고 말씀하십니다. 지금 있는 모습 그대로 빛을 비추는 것이 하나님이 보시기에 가장 좋은 인생이리라 믿습니다.

나의 섬김의 태도는 어떻습니까? 문제가 해결되는 것보다 내가 지금 상황에서 비추는 적용을 어떻게 할지 지혜를 간구합시다. 낮과 밤에 잘 순종해서 해야 할 일을 잘하고 있습니까?

말씀으로
기도하기

하나님은 우리가 섬기는 삶을 살기 원하십니다. 어떤 상황에서도 다른 사람을 섬기며 빛을 비추라고 우리를 인도하십니다.

기본적인 마음밭이 준비되어야 섬깁니다.(창 1:9-10)

셋째 날, 하나님은 천하의 물은 한곳으로 '모이라' 하시고 뭍은 '드러나라'고 하십니다. 예배와 공동체로 함께 모여서 나의 죄와 수치가 드러나는 것이 창조 사역입니다. 바다와 땅이 하나님 보시기에 좋은 이유는 거기에 생명이 자라고 번성하기 때문입니다. 낮은 자리에 처하며 하나님의 생명이 자라는 밭으로 섬기는 삶을 살기 원합니다.

종류대로 열매를 맺어야 섬기는 삶을 삽니다.(창 1:11-13)

만물은 진화를 통해 종(種)이 나뉜 것이 아닙니다. 하나님께서 처음부터 '각기 종류대로' 창조하셨습니다. 이 종류가 저 종류로 변화될 수도, 혼합될 수도 없고 하나님이 지으신 종류대로 존재하고 쓰임 받는 것을 알게 하옵소서. '씨 맺는 채소, 씨 가진 열매 맺는 나무'로 창조의 씨앗을 우리에게 주셨기에, 누구도 열매를 못 맺을 사람이 없습니다. 날마다 고난의 저녁과 영광의 아침을 지나면서 더 풍성한 열매를 맺도록 기도합니다.

세상을 비추는 삶이 섬기는 삶입니다. (창 1:14-19)

넷째 날, 주야를 나누시고 낮과 밤을 주관하는 광명체를 만들어 주관하게 하십니다. 낮과 밤을 잘 사는 사람이 빛을 비출 수 있습니다. 나의 유익과 상관없이 다른 사람을 비추는 인생이 되게 하옵소서. 내 가족이 당장 안 돌아와도 다른 힘든 사람을 섬기며 복음의 빛을 비출 때 내 가족도 그 빛을 보고 변화될 것을 믿습니다.

우리들
묵상과 적용

저는 자타가 공인하는 혼자 놀기의 달인입니다. 혼자 생각하고 혼자 잘 먹고 잘 자고 혼자 바쁘게 다닙니다. 이런 저에 비해 남편은 도무지 혼자 있는 것을 견디지 못합니다. 가족이 우상인 제 남편은 마치 분리불안처럼 아내든 자식이든 자신의 행동반경 안에 있어야 합니다. 슈퍼마켓도 같이 가야 하고 밥도 같이 먹어야 합니다. 남들은 가정적인 남편이 부럽다고 하지만 가치관도 취향도 너무 다른 남편의 지나친 잔소리와 집착에 저는 숨이 쉬어지지 않았습니다. 혼자 있고 싶어 하는 저와 혼자 있기 싫어하는 남편은 늘 평행선 같았습니다. 그런데 우리들교회에 와서 말씀을 듣고 큐티를 하면서 저의 악함을 보게 되었습니다.

어린 시절, 따로 가정을 가졌던 아버지가 처음이자 마지막으로 저와 하루를 보내주신 적이 있습니다. 처음 본 아버지는 내가 상상하며 그리워하던 것보다 훨씬 더 멋지고 친절한 분이셨지만, 그 이후로 돌아가실 때까지 저를 다시 찾지 않으셨습니다. '내가 예쁘지 않아서일까? 멍청해 보였을까?' 혼자서 수없이 자책하며 나만의 세상에서 내 생각과 감정에 잠겨 남들과의 소통을 거절하는 완고한 모습이 있었습니다. 나를 가장 잘 아시는 주님이 거절당할 것이 두려운 제게, 혼자 있는 것이 두려운 애정결핍 집착형 남편을 붙여 주셨습니다. 남편의 잔소리와 집착은, 긴장하며 내가 할 일을 분별하게 하는 징조가 되어 무기력한 제가 26년 결혼생활 동안 낮과 밤을 잘 지키게 하는 최고의 환경이었습니다.

남편이 몇 달 전부터 사업을 위해 중국에 홀로 가 있습니다. 남편에게는 혼자 있는 훈련을, 저에게는 남편의 빈자리를 보게 하는 훈련의 시간이라고 생각합니다. 아직 공동체에 들어오지 않는 남편이 주님을 인격적으로 속히 만나기를 애통함으로 기도합니다. 그렇게 되면 혼자 있는 것을 잘하는 저와, 같이 있는 것을 잘하는 남편이 각자의 종류대로 서로에게 좋은 영향력의 광명체가 되어 수륙양용의 전천후 울트라 파워 부부가 되게 하실 줄 믿습니다.

기도

하나님 아버지, 내가 섬기는 삶을 살고 있다 생각했지만 그게 얼마나 공허한 고백인지요. 내가 누구를 섬길 수가 있겠습니까. 양철조각, 유리조각이 찌르고 오물이 더럽고 싫어서 이들을 받아낼 수 없는 땅임을 고백합니다.

종류대로 열매 맺는 것은 먹히기 위함인데, 내 야망대로 열매를 맺고자 합니다. 그래서 열매를 맺지 못하는 것을 알았습니다. 높고 높은 궁창에서 태양이 되어 파르스름한 점 하나에 불과한 지구를 비추려고 하니 늘 생색을 냅니다. 내가 태양이 된 것이 아니고 하나님이 태양 되게 하셨는데 비추기만 하면 되는 것을 모르고 만족하질 못합니다.

하나님, 내 식구 때문에만 가슴이 아프고 이들이 고쳐지기만 바라는 것을 불쌍히 여겨 주시옵소서. 내가 온전하지 못해도 고쳐 주셔서 하나님께 영광 돌리는 우리 식구들이 되도록 역사해 주시옵소서. 스스로를 높이기 위해서가 아니라 오직 구원을 위해 비추는 우리가 되도록 은혜를 내려

주시옵소서. 빛과 어둠을 나누셨듯이 이 시간 어둠의 세력과 괴로움의 생각들을 나누어 주옵소서. 모든 어둠을 쫓아내 주시옵소서. 예수님의 이름으로 기도합니다. 아멘.

하나님 아버지,
진정한 복은 하나님을 예배하고
경배하는 것이라고 하십니다.
하나님의 형상이 회복되는 복된
인생이 되게 하옵소서.

chapter 04

복음으로 복을 받으라

창세기 1:20-28

조이스 마이어는 3세 때부터 18세에 가출을 하기 전까지 아버지에게 성적, 육체적, 정서적, 언어적으로 학대와 폭행을 당했습니다. 이런 그녀가 미국의 〈처치 리포터〉 지(紙)의 '영향력 있는 기독교 지도자' 10위 안에 들 었으며 뉴욕타임즈 베스트셀러를 비롯한 많은 책으로 수천만 명을 살리 는 복 있는 인생이 되었습니다. 이렇게 앞이 보이지 않는 환경에서도 어떻 게 복 받는 삶을 살 수 있을까요?

복 받는 인생은 생육하고 번성하며 충만한 삶이다

20 하나님이 이르시되 물들은 생물을 번성하게 하라 땅 위 하늘의 궁창에는 새가 날으라 하시고 21 하나님이 큰 바다 짐승들과 물에 서 번성하여 움직이는 모든 생물을 그 종류대로, 날개 있는 모든

새를 그 종류대로 창조하시니 하나님이 보시기에 좋았더라 ²² 하
나님이 그들에게 복을 주시며 이르시되 생육하고 번성하여 여러
바닷물에 충만하라 새들도 땅에 번성하라 하시니라 ²³ 저녁이 되
고 아침이 되니 이는 다섯째 날이니라 (창 1:20-23)

물이 모이고 뭍이 드러나게 하심으로 땅과 바다를 만드신 하나님이
다섯째 날에는 그 속에 들어갈 조류와 어류를 창조하십니다. 풀과 씨 맺는
채소와 열매 맺는 나무는 땅에 심겨서 가만히 있는 식물들인데 이제는 물
에서 '움직이는' 생물로 창조의 단계가 옮겨갑니다.

하나님은 그 모든 것을 종류대로 창조하시고 "보시기에 좋았더라"고
말씀하십니다. 하마도 있고 악어도 있고 올챙이도 있지만 내가 종류를 따
지지 않고 물이 되어 품고만 있으면 하나님이 보시기에 좋았더라고 말씀
하십니다. 물이 스스로 생물을 번성케 할 수 있습니까? 물은 그저 가만히
품고 있을 뿐입니다. 내가 품고자 마음만 먹어도 하나님이 22절에서 이들
에게 복을 주십니다. 생육하고 번성해서 여러 물에 충만하라고, 지경을 넓
히라고 하십니다.

여기서 하나님이 말씀하시는 복은 히브리어로 '바라크'입니다. 기본
적으로는 '유익하게 하다'라는 뜻이 있지만 '무릎 꿇고 경배하다', '기도하
다', '찬양하다' 등의 의미가 있습니다. 하나님께서 복을 주시고 생육하고
번성하고 충만하라고 하시면 우리는 풍요와 다산으로만 생각합니다. 하
지만 복이라는 것은 무릎을 꿇고 경배하며, 기도하고 찬양하는 예배생활
의 회복과 함께 찾아옵니다. 마태복음 5장의 팔복(八福)도 동일한 의미입니

다. 심령이 가난한 자가 복이 있다고 하실 때의 '가난하다'는 말은 '프토코스', 즉 하나님만 바라보는 것입니다. 가난하기에 하나님만 바라보게 되는 것이 복이라는 의미입니다. 복을 받는 인생은 예배가 회복되는 인생입니다. 기도와 찬양, 감사의 대상을 확실히 아는 것입니다.

내가 생육하고 번성하고 충만케 해야 할 사람과 지역을 생각해 보기 바랍니다. 풀 같은 식물은 가만히 있어서 다루기가 쉽지만, 이리 튀고 저리 튀면서 잡을 수 없는 내 남편과 내 자녀 때문에 힘든 과정에서 내 지경이 넓어집니다. 힘든 사람이 내 곁에 있을수록 내가 생육하고 번성하며 충만해집니다.

우리들교회 목장보고서에 한 남자 집사님이 이렇게 쓰셨습니다.

우리들교회에 나오기까지 마누라 영향이 컸다. 전에는 예수 믿는 마누라 만나서 참 재수 없다고 생각했다. 하지 말라는 게 너무 많았다. 세상 친구도 못 만나게 하고 술친구들도 싫어하고 좋아하는 조기 축구도 못 가게 했다. 조기 축구를 계속하면 다리가 부러지게 해 달라고 기도한다고 악담을 했는데, 어느 날 축구를 하다가 정말로 인대가 파열되어 3개월을 절뚝거리다가 축구를 끊었다. 또 도박을 할 때면 돈을 잃게 해 달라고 기도한다더니 도박만 하면 돈을 잃어서 결국 끊었다. 기도발이 센 마누라 때문에 되는 게 없어서 정말 재수 없다고 생각했다. 그러나 아내의 빡센 기도로 지금의 내가 있게 되었다. 요즘 나는 일대일양육 등으로 너무 바쁜 나날을 보내고 있다.

이 집사님은 부인을 '공주'라고 표현합니다. 좋겠다고요? '공포의 주둥아리'라는 뜻입니다. 기도만 하면 이렇게 응답되니 공포의 주둥아리 아니겠습니까? 하지만 이 남편 집사님이 이제는 공개적으로 부인을 칭찬하고 모든 것이 부인 덕이라고 말합니다. 이것이 생육하고 번성하고 충만한 모습입니다. 하나님만을 바라보는 것이 최고의 복입니다.

물은 가만히 품고만 있으면 됩니다. 생육하고 번성하고 충만하게 하시겠다는 말씀은 하나님의 명령이자 인간이 취소할 수 없는 약속이기도 합니다. 내가 할 수 있는 것이 없어서 하나님만 바라보고 기도하면 하마의 마음도, 악어의 마음도 다 바꾸어 주십니다. 왜 이렇게 힘드냐고 불평하지 말고, 하나님께 무릎을 꿇는 복을 받는 인생이 되시기 바랍니다.

내가 품기로 결단하는 악어 같고 하마같이 힘든 사람은 누구입니까? 그들 때문에 내가 하나님만 바라보게 되는 복을 누리고 있습니까?

복 받는 인생은 하나님의 형상대로 사는 삶이다

²⁶ 하나님이 이르시되 우리의 형상을 따라 우리의 모양대로 우리가 사람을 만들고 그들로 바다의 물고기와 하늘의 새와 가축과 온 땅과 땅에 기는 모든 것을 다스리게 하자 하시고 (창 1:26)

여섯째 날 동물과 사람을 창조하십니다. 사람을 창조하신 부분은 창조기사 중 가장 길게 언급됩니다. 지금까지는 말씀으로, 명령으로 창조하셨는데 사람을 창조하실 때는 삼위일체 하나님께서 의논을 하십니다. "우리의 모양대로 사람을 만들자"라고 의논하셔서 사람을 만드셨기에 인간은 창조의 면류관이자 가장 보시기에 좋은 하나님의 '붕어빵'입니다. 다른 동물과는 비교할 수 없습니다.

칼빈은 하나님의 형상으로 지어진 인간이 다른 피조물과 구별되는 탁월성이 바로 '감사'라고 했습니다. 모든 짐승도 하나님의 은혜로 살아가지만 그들은 하나님께서 생존케 하심을 알지 못합니다. 오직 인간만이 압니다. 하나님의 은혜로 사는 것을 알기에 인간의 첫 덕목도, 마지막 덕목도 감사인 것입니다.

범죄 이후에 타락한 인간은 그리스도 안에서 회복을 기다리는 존재가 되었습니다. 모든 은사와 능력을 박탈당하고 상실했습니다. 이렇게 타락한 우리에게 짐승과 구별되게 남겨진 것이 이성(理性)입니다. 하지만 구원의 문제에 있어서 이성은 전적으로 무능력합니다. 오직 하나님의 은혜로만 구원이 이루어지기 때문입니다.

인간은 예수님을 믿거나 믿지 않거나 모두 하나님의 형상대로 지음을 받았습니다. 그래서 먼저 믿은 자는 하나님의 형상을 회복하게 되는 것이고, 아직 믿지 않는 자는 그 형상이 회복되지 않은 것뿐입니다. 그래서 우리는 잘난 척할 게 없습니다. 우리 안에 있는 하나님의 형상을 회복하도록 성령님이 효과적으로 도와 주셔야 합니다. 내가 먼저 회복되었다면 배우자와 자녀가 회복되기를 간절히 기도하며 기다릴 수 있습니다. 하나님

의 형상으로 만들어진 우리는 누구 한 사람도 빠짐없이 구원의 가능성이
열려 있는 것입니다.

> **27** 하나님이 자기 형상 곧 하나님의 형상대로 사람을 창조하시되
> 남자와 여자를 창조하시고 (창 1:27)

여자는 창조물이지 종속물이 아닙니다. 다른 피조물은 암컷이건 수
컷이건 종류대로 창조되었지만 이 구절을 통해 오직 인간만 남녀가 각각
창조되었음을 알 수 있습니다. 원어를 보면 남자와 여자를 기록할 때 비분
리접속사를 사용했습니다. 삼위 하나님께서 셋이 한 분이고 하나가 세 분
이듯이 남녀도 마찬가지입니다. 본질적으로 아무런 차이가 없습니다. 동
등을 넘어서 목숨을 걸고 사랑하고 순종해야 할 관계입니다. 남녀 모두 하
나님의 형상이기 때문입니다.

그러나 예수 믿는 사람만 하나님의 형상이 아니라 아직 믿지 않아도,
타락했어도 모두가 하나님의 형상입니다. 인간을 처음부터 사랑하셨고, 죄
로 타락했어도 피 흘리기까지 사랑하신 그 사랑을 우리가 알아야 합니다.

'비분리'가 아닌 '분리'접속사로 구분하고 차별하고 있는 대상은 무엇입니까? 하나
님의 형상이 회복되기까지 기도하며 기다려 주어야 할 사람은 누구인가요?

복 받는 인생은 정복하고 다스리는 삶이다

> ²⁸ 하나님이 그들에게 복을 주시며 하나님이 그들에게 이르시되
> 생육하고 번성하여 땅에 충만하라, 땅을 정복하라, 바다의 물고
> 기와 하늘의 새와 땅에 움직이는 모든 생물을 다스리라 하시니라
>
> (창 1:28)

인간에게는 생육하고 번성하여 땅에 충만하라는 말씀 이외에 '정복하고 다스리라'고 하십니다. 하나님의 대리자로 생물을 다스리는 책임을 주신 것입니다. 28절에 "복을 주시며 하나님이 그들에게 이르시되"라고 말씀하셨습니다. 인격적으로 일러 주시며 교제하신 것입니다. 인간에게 복을 주시고 생육하고 번성하고 충만하라고 하시며 예배가 첫째임을 말씀하셨습니다. 그런데 동물이나 어류나 조류에게는 인간에게 말씀하셨던 생육하고 번성하라는 말씀이 없습니다. 24절과 25절을 보겠습니다.

> ²⁴ 하나님이 이르시되 땅은 생물을 그 종류대로 내되 가축과 기는
> 것과 땅의 짐승을 종류대로 내라 하시니 그대로 되니라 ²⁵ 하나님
> 이 땅의 짐승을 그 종류대로, 가축을 그 종류대로, 땅에 기는 모든
> 것을 그 종류대로 만드시니 하나님이 보시기에 좋았더라 (창 1:24-25)

인간과 함께 땅에서 살기에 인간의 생존을 위협할 가능성이 큰 것이 동물입니다. 번성하라고 말씀하시지 않았어도, 이 지구에 파충류가 6천

종, 곤충만 80만 종이라고 합니다. 인간에게 영적·육적·정신적으로 유익도 주지만 또 괴로움도 주는 것이 동물이기에 생육하고 번성하라는 말씀을 하지 않으셨다고 생각합니다.

28절을 문화명령이라고들 합니다. 정복하고 다스리라고 말씀하셨지만 "내가 정복하겠다!"면서 마음먹고 내 것으로 만드는 것이 아니라 질서 정연하게 책임을 지는 관계가 될 때 저절로 이 모든 것을 복으로 누리게 됩니다.

다스리라고 하신 말씀을 우리의 죄 된 개념으로 마음대로 조작해서는 안 됩니다. 하나님의 명령과 질서에 잘 순종하면 파출부를 하며 살아도 주인의 마음이 있습니다. 하지만 죄의 종노릇을 하면 사장 자리에 앉아 있어도 종의 마음인 것입니다. 잘 다스리는 사람은 관계와 질서에 순종하고 책임을 지는 사람입니다.

인간은 세 가지 관계에 놓여 있습니다. 하나님과는 예배해야 할 관계이고, 인간과는 동반자로서의 관계, 그리고 자연과는 관리자로서의 관계입니다. 이 관계가 뒤죽박죽되어서 하나님과는 직통계시를 운운하며 동반자로 여기고, 사람은 자기 기준에 따라 경배하고 관리합니다. 강아지는 관리의 대상인데 밤늦게 돌아오면 꼬리를 흔들어 주니 자식처럼 아끼고 사랑하면서 "너는 나의 동반자야!" 합니다. 자식 힘들게 키워서 배반당하느니 강아지나 기르고 살자고 합니다. 인생의 목적이 행복이 아니라 거룩이기에 자식을 키우면서 나 자신에게 절망하고 훈련을 받아야 합니다. 모든 관계와 질서를 어겨서는 안 됩니다.

하나님께 제대로 예배를 드리고 있으면 누가 동반자이고 누구를 관리해야 하는지 알게 됩니다. 사람이 아무리 타락해도 하나님의 주권 아래에 있기에 서로를 동반자로 삼고 가야 합니다.

네덜란드의 목사이자 신학자인 아브라함 카이퍼는 창세기 1장을 인용하며 "이 세상에는 하나님의 다스림과 통치에서 제외된 한 치 한 톨의 땅도 없다"고 말했습니다. 침실과 예배당은 똑같이 거룩한 것이라고 했습니다. 온 세상이 하나님의 지대한 관심의 대상이기에, 나 역시 타락한 하나님의 형상이었다가 이제 회복되었기에 우리는 다른 사람의 회복을 믿고 기다려야 합니다.

동반자인 사람을 숭배하거나 관리하려고 하며, 관리의 대상인 자연을 숭배하거나 동반자로 삼는 어긋난 관계는 없습니까? 내 속에 하나님의 형상이 회복되어 관계의 질서와 참된 다스림이 있게 해 달라고 기도합시다.

앞서 말씀드린 조이스 마이어는 짐승과 같이 살다가 하나님의 형상을 회복하면서 복을 받는 인생, 복을 나누어 주는 인생이 되었습니다. 생육하고 번성하고 충만해서 이제 모든 사람을 다스리게 된 조이스 마이어의 간증을 함께 나누고자 합니다.

그녀의 아버지는 늘 딸을 노리갯감으로 삼아 성폭행을 했고, 어머니에게 폭력을 가하고 집안을 분노와 협박으로 지배했습니다. 그의 입에는 온갖 저속하고 추악한 말들이 가득했습니다. 온 집안이 흑암과 혼돈과 공허함이었습니다. 아버지 말고도 그녀는 네댓 명의 남자들에게 또 학대를 받았습니다.

견디다 못한 그녀가 어머니에게 이 사실을 고백했지만 아버지는 오히려 그녀의 말이 거짓이라고 몰아세웠습니다. 그러던 어느 날 외출하고 돌아온 어머니가 아버지가 조이스 마이어를 성폭행하는 현장을 목격했습니다. 그런데 어머니는 다시 나가서 두 시간 후에 아무 일도 없었던 것처럼 돌아왔고 그 일에 대해 어떤 말도 하지 않았습니다.

그렇게 당하다가 18세 되던 해 조이스 마이어는 가출을 합니다. 한 남자와 결혼을 해 5년을 살았지만 그는 사기와 도둑질로 생활을 연명하는 사람이었고, 그녀의 나이 22세에 첫아이를 임신했을 때 남편에게 다른 여자가 생겨 이혼했습니다.

그러고 나서 신실한 남편 데이브를 만나 두 번째 결혼을 했습니다. 이 가정에 빛이 비춰는 사건이었습니다. 데이브는 믿음이 없던 그녀에게 찾아와 하나님의 형상을 회복할 수 있도록 도와주었습니다. 하지만 되었다 함이 없어서 그녀의 삶은 여전히 힘들었습니다. 비정상적 가정에서 자랐기에 보고 배운 것이 없어서 몰인정하고, 인내심이 없고, 정서적 기복이 심한 가정생활이었습니다. 남편이 믿음으로 이해하며 이혼하지 않고 살아 주었지만 그녀는 살아 있는 것 자체가 힘들었고 어디에서도 만족을 느끼지 못했습니다. 자신이 당했던 것처럼 자녀들을 대했고, 아들은 정서불안에 이르렀습니다. 성격적으로 너무나 파탄 직전이던 그녀였기에 사람들은 그녀를 판단하고 거절했습니다.

그런 가운데서도 하나님은 차츰 말씀으로 그녀를 만나 주셨습니다.

판단하거나 거절하지 않으시고, 위로와 굳게 하는 말씀으로 붙잡으셨습니다. 조금씩 그 원수 같은 아버지와 자신의 고통을 방관한 어머니를 위해서 기도하게 되었습니다. 그들을 조금씩 이해하게 되었습니다.

조이스 마이어는 이렇게 말합니다.

우리의 관계는 여전히 긴장 가운데 있었고 불편했던 것이 사실입니다. 아버지는 자신의 행위가 저의 삶에 얼마나 무서운 파멸을 가져다주었는지를 충분히 인식하지 못하고 있었습니다. 저는 두 번 정도 아버지, 어머니와 함께 이 문제를 가지고 직면하려 해보았지만, 한 번도 성공을 거두질 못했습니다. 그 문제를 가지고 아버지와 대면할 때마다 아무런 결론도 내리지 못하고 무서운 분노와 비난과 원망만 오고 갔습니다.

아무것도 변한 것이 없는 것처럼 보였지만, 하나님은 눈에 드러나지 않게 은밀히 역사하고 계셨습니다. 하나님은 "네 부모를 공경하라"(출 20:12, 십계명 제5계명)는 계명에 관해서 저를 계속 다루어 오고 계셨습니다. 저는 이 계명에 순종하기 위해 그분들을 방문도 하고, 전화도 하고, 기도도 하고, 선물을 보내기도 했지만, 하나님은 여전히 저에게 "네 부모를 공경하라"고 말씀하시는 것이었습니다.

마침내 어느 날 밤 "네 부모를 공경하라"는 성령님의 음성을 다시 들었을 때, 저는 그분들을 위해 제가 할 수 있는 것은 다했으며, 하나님께서 원하시는 것이 무엇인지 알려달라고 말씀드렸습니다. 그때 하나님은 "네 마음으로 그분들을 공경하라"고 말씀하셨습니다. 그래서 저는 "그분들이 저에게 무엇을 해 주었다고 제가 그분들을 공경합니까?"라고 물었습니다. 하나님은 그때 부모가 저를 낳아 주시고, 길러 주시고, 입히시고, 먹이시고, 공부시켜 주신 것에 대해 제 마음속으로부터 공경하고 감사해야 한다는 것을 깨닫게 해 주셨습니다.

저는 지금까지 그분들을 위해 선물, 전화, 방문 등을 해드렸지만, 하나님은 저의 마음을 보고 계셨던 것입니다. 저에게 남은 것이라곤 고통과 상처뿐이었기 때문에 그분들에게 감사와 사랑의 감정을 갖기란 결코 쉽지 않았습니다. 그러나 1년 동안 하나님으로부터 계속해서 똑같은 말씀을 들으면서 저는 그것이 얼마나 중요한가를 깨닫게 되었고, 결국 하나님이 말씀하신 대로 순종하기로 했습니다. 저는 기도했습니다.

"하나님, 저에게 생명을 주신 저의 부모님을 인해 감사드립니다. 그분들은 저를 낳아 주셨고, 먹이시고, 입혀 주셨으며, 공부를 시켜 주셨습니다. 그렇게 해주신 것으로 인해 저는 저의 부모님을 공경합니다."

그로부터 약 1주일 후, 우리 사역 본부가 전국적으로 새롭게 시작한 〈말씀 안에서의 삶〉이라는 텔레비전 프로그램을 제 가족이 시청하고, 제 부모님에게도 그 프로그램을 보라고 설득하고 있다는 소식을 듣게 되었습니다.

아버지와 어머니는 저에게 그 프로그램에 대해 물어오셨고, 저는 그분들께 제가 어렸을 때 여러 가지 학대받은 것에 대해 방송에서 언급하게 될 것이라는 사실을 이 기회에 말씀드렸습니다. 그러나 부모님이 방송을 통해, 어렸을 때부터 아버지에게 성적인 학대를 받았다고 말하는 것을 듣는다면 그들의 마음이 어떨지 상상할 수도 없었습니다. 저는 부모님의 마음을 상하게 하고 싶지 않았고, 불효녀가 되고 싶지 않기 때문에 그런 말을 하는 것이 죽기보다 싫었습니다.

저는 부모님이 상처를 받지 않도록 오랫동안 기도했습니다. 이 일이 부모님과의 인연을 끊을 수도 있지만, 저는 부모님의 분노보다 성적으로 학대를 당하는 전 세계 수천만 명의 여성들을 고통과 눈물과 증오와 절망의 삶에서 구출하는 것이 더 중요했습니다. 그들의 삶을 누가 변화시켜 줄 수 있겠습니까.

불효자라는 책망을 들을 각오를 하고 부모님을 찾아뵙고 사실대로 말씀드렸습니다. 저는 이미 부모님을 용서했고 십계명에 따라 존경과 감사의 마음을 가졌지만 제가 이런 사역을 하지 않으면 안 되는 것은 부모님께 상처를 주기 위해서가 아니라, 저와 같은 처지에서 고통과 절망 속에 살고 있는 여성들에게 희망을 주기 위해서라고 말씀드렸습니다.

남편과 제가 부모님께 모든 것을 말씀드리자, 아버지와 어머니는 조용히 앉아서 제 말을 듣고 계셨습니다. 아버지는 제 남편과 저에게 아버지가 저에게 행했던 일에 대해 얼마나 마음 아파하고 있는지를 말했습니다. 아버지는 그것을 돌이킬 수 있는 길이 있으면 그렇게 하고 싶다고 말했습니다.

아버지는 성적인 학대에 관한 텔레비전 프로그램들을 보면서, 성적인 학대가 실제적으로 얼마나 무서운 파멸을 가져다주는지를 깨닫게 되었다고 말씀하셨습니다. 그러므로 수많은 여성들에게 도움을 주기 위해서라면 제가 텔레비전에서 어떤 것이든 말해도 좋다고 허락하셨습니다. 그리고 저와의 관계를 회복하고 싶다고 말했고, 저도 이제는 아버지와 진정한 친구가 되고 싶다고 말했습니다.

그리고 어머니도 이제야 비로소 딸과 손자들과 정상적인 관계를 가질 수 있다는 생각에 기쁨으로 충만해 있었습니다. 남편 데이브는 오늘이 자기 생애의 최고의 날이라고 말했습니다. 저는 그때 저 자신을 꼬집으며 혹시 꿈을 꾸고 있는 것은 아닌가 하는 생각을 했습니다.

전 세계에서 성적인 학대를 받으며 비참한 삶을 살고 있는 수천만 명의 여성들에게 희망과 빛을 비춰 주기 위해서 효도보다 중요한 그 무엇이 있다고 생각합니다.

조이스 마이어의 아버지 같은 사람이 변화된다면 변화되지 못할 사람이 누가 있겠습니까.

복을 받는 인생은 환경과는 상관이 없습니다. 나 한 사람이 하나님의 형상을 회복하면 온 집안이 수천 대의 복을 받을 것을 믿습니다. 예수님 때문에 참고, 속아 주고, 당한다면 반드시 상을 주십니다.

우리의 이런 사랑이 타락한 하나님의 형상들을 돌아오게 하고, 변하게 할 것을 믿습니다. 상하고 무너졌던 조이스 마이어는 손가락질 받을 만한 인생이었습니다. 하지만 그 속에 하나님의 형상이 회복되자 이렇게 수천만 명을 살리고 있지 않습니까. 지금 말하기 힘든 상처와 아픔이 있습니까? 어떤 환경에서도 그것을 약재료로 삼아서 하마와 악어 같은 사람들도 살리는 인생이 되기를 기도합니다.

말씀으로
기도하기

하나님이 복 주시는 삶은 어떤 환경과 처지에서도 복음으로 인해 번성하며 충만한 삶입니다.

복 받는 인생은 생육하고 번성하며 충만한 삶입니다.(창 1:20-23)

다섯째 날, 물에서 움직이는 생물과 나는 새를 창조하시고 번성하라 하십니다. 물과 땅이 생명을 품어도 스스로 번성케 할 수 없듯이 내 힘으로는 생육하고 번성하여 충만할 수 없습니다. 오직 하나님을 경배하며 기도하고 찬양하는 예배의 삶을 살아 번성케 하옵소서.

복 받는 인생은 하나님의 형상대로 사는 삶입니다.(창 1:26-27)

삼위 하나님께서 '우리의 형상을 따라 우리의 모양대로' 의논을 거쳐 사람을 창조하시고 남녀로 구분하십니다. 하나님의 형상을 가진 인간은 차별과 분리의 대상이 될 수 없습니다. 다른 이들을 차별하지 않고 섬김으로 하나님의 형상을 이루도록 기도합니다.

복 받는 인생은 정복하고 다스리는 삶입니다.(창 1:24-25, 28)

하나님의 대리자로서 '정복하고 다스리라'고 인간에게 명하십니다. 하나님은 경배하고, 사람과는 동반자가 되며, 자연은 관리하는 것이 인간에게 주어진 관계와 질서입니다. 하나님이 허락하신 관계와 질서 속에서 자연을 다스리고 사람을 사랑하며 하나님을 경배하게 하옵소서.

우리들
묵상과 적용

　　결혼 당시 혈서까지 쓰며 엄마를 사랑한다고 했던 아버지였지만 너무나 권위적이고 인색하셨기에 부모님은 날마다 싸우셨고, 저는 부모님처럼 불행한 결혼생활을 하게 될지 모른다는 두려움과 상처로 서른 살이 되도록 결혼 생각을 안 했습니다. 전공인 유아교육계에서 성공하려면 육아 경험이 필수라는 생각에 10년 넘게 알아온 남자 친구와 불신 결혼을 했지만 세상에서 제일 착한 며느리로 살아가던 제 인내심은 시댁을 섬기는 일과 강의 준비로 지쳐 3년 만에 바닥을 드러냈고, 남편에게 살림을 따로 내자고 제안했을 때 남편은 '어머니를 택하겠다'며 반대했습니다. 5년 만에 인공수정으로 어렵게 가진 아기가 유산됐을 무렵 남편은 바람을 피우기 시작했고, 친정으로 온 저에게 '미안하다'는 말 대신 '꼭 이렇게까지 해야 하냐'며 자기 체면을 먼저 생각했습니다. 그런 남편이 어이없어 이혼을 결심했습니다.

　　그 후 박사 과정을 공부하던 중에 일본에 갔다가 만난 남자와 첫눈에 반해 일본으로 유학을 가고, 또다시 아기를 갖지 못할까 봐 재혼을 망설이던 차에 김양재 목사님의《날마다 큐티하는 여자》를 읽었습니다. '인생의 목적과 결혼의 목적은 행복이 아니라 거룩'이라는 말씀에 저의 이혼이 얼마나 잘못된 것인지 회개하고, 교만한 나 때문에 남편이 수고한 것과 남편의 바람을 핑계로 시댁의 무거운 짐을 내려놓고 싶었던 저의 속셈을 인정하게 되었습니다. 불신 결혼은 안 된다고 하시는 말씀을 읽으며 타락한 내 속에 그나마 존재하던 하나님의 형상인 이성으로 욕망을 누른 채 그 사람을 포기하고 서울로 돌아왔습니다.

　제가 그렇게 회개하고 있을 때 전 남편이 재혼을 했습니다. 회개는 했지만 변하지 않은 시댁과 남편에게 돌아가고 싶지 않아 정죄감에 눌려 있었던 터라, 남편의 재혼을 진심으로 축하해 줄 수 있었습니다. 그리고 더 나아가 복잡한 남편 집의 명의 문제를 계기로 제가 만난 하나님을 재혼한 남편과 시댁에 전했더니 창립 2주년 전도축제에 불교 신자였던 시어머니와 시누이 가족이 오셨고, 그 자리에서 시어머니가 눈물로 하나님을 영접하는 기적을 보게 하셨습니다. 게다가 재혼한 남편의 아내의 태가 열리기를 기도하는 가운데 임신 소식을 듣고 인간이 믿거나 안 믿거나 하나님의 주권 하에 있다는 것, 그래서 하나님께로부터 온 것임을 경험하게 되었습니다.

그렇게 은혜를 체험하는 가운데, 죽는 그날까지 드러내고 싶지 않았던 중대한 죄를 직면하게 되었습니다. 대학을 졸업하고 아르바이트를 하면서 유부남과 깊은 관계를 가진 적이 있었습니다. 결혼 후에도 속상한 걸 털어놓는 관계로 간간이 연락을 하다가 의지적으로 끊었다고 믿었는데 작년에 충동적으로 그에게 전화를 걸었습니다. 그 남자는 한걸음에 달려와 주었고, 저는 아직 내가 여자로서 가치 있고 영향력 있다는 생각에 너무나 기뻤습니다. 이미 끊었다고 착각했던 죄를 저 혼자는 도저히 대항할 수 없어 목장에 고백한 뒤에야 하나님의 은혜로 그 사람과의 관계를 끊을 수 있었습니다.

　목사님께서 '수많은 남자들이 바람을 피우는데 그 상대 여자들은 다 어디 있는 거냐'고 하실 때마다 '그게 바로 저'라고 속으로 대답해 왔지만, 그런 정도로는 죄가 끊어진 것이 아니었으며 속으로 나 혼자 하는 회개는 온전치 않음을 확실히 알았습니다. 공동체 안에서 오픈함으로써 자기 죄패를 붙이고 사는 것이 이 땅에서는 수치일지라도, 그렇게 해서 조금이라도 하나님의 형상을 회복할 수 있다면, 수치를 잘 당하고 가는 인생이 되기 원합니다.

기도

하나님 아버지, 앉으나 서나 복을 받고 싶습니다. 그런데 하나님께 무릎을 꿇고 기도하고 찬양하며 경배하는 것이 복이라고 하십니다. 움직이는 생물들처럼 힘든 식구를 붙여 주셔서 하나님을 찾게 하는 것이 복이라고 하시는데, 내 가족이 감당이 안 되고 미워서 울고 있습니다. 눈에 보이는 복이 배고파서 날마다 웁니다. 하나님, 우리에게 예배의 회복을 허락해 주시옵소서. 하나님의 형상이 회복되어 감사하는 인생을 살게 도와주시옵소서. 관계와 질서 속에서 다스림과 정복이 제대로 될 수 있도록 은혜를 내려 주시옵소서.

변하지 않는 내 가족에게서 하나님의 형상을 보기 원합니다. 각종 상처 가운데 있어도 말씀이 들려서 같이 걸어가게 하옵소서. 그들이 회복되기까지 기다림이 힘들어도 나 혼자라도 주님을 사랑하고 가면 주님은 반드시 약속을 지키실 것을 믿습니다. 주님께로 나오기만 하면 복 주시는 삶을 살게 될 줄 믿습니다. 눈에 보이는 것이 없어도 하나님이 지키시고 보고 계시는 것을 믿습니다. 내가 아직도 변하지 않아서 너무나 절망적이지만, 한 말씀이라도 들릴 때 잘 붙어 있게 도와주시옵소서. 예수님의 이름으로 기도합니다. 아멘.

하나님 아버지,
하나님이 보시기에 심히 좋은
인생을 살기 원합니다.
하나님이 기뻐하시는 인생이
무엇인지 말씀해 주옵소서.

chapter 05

보시기에 심히 좋은 인생

창세기 1:29-2:3

어느 개그우먼이 자신의 묘비명을 "웃기고 자빠졌네"로 하겠다고 했습니다. 1분에 세 번 이상 웃겨야 개그맨으로서 무대에 설 수 있다고 하는데, 그분은 남을 기쁘게 하는 일이 얼마나 보람 있는 일인지 아는 것 같아서 보기에 좋았습니다. 사명감을 가지고 남을 위해 살면 사람이 보기에도 좋은 인생이 됩니다. 그러면 하나님께서 보시기에 심히 좋은 인생은 어떤 인생일까요?

보시기에 심히 좋은 인생은 다 이루는 삶이다

29 하나님이 이르시되 내가 온 지면의 씨 맺는 모든 채소와 씨 가진 열매 맺는 모든 나무를 너희에게 주노니 너희의 먹을거리가 되리라 30 또 땅의 모든 짐승과 하늘의 모든 새와 생명이 있어 땅

에 기는 모든 것에게는 내가 모든 푸른 풀을 먹을거리로 주노라 하
시니 그대로 되니라 ³¹ 하나님이 지으신 그 모든 것을 보시니 보시
기에 심히 좋았더라 저녁이 되고 아침이 되니 이는 여섯째 날이니
라 ¹ 천지와 만물이 다 이루어지니라 (창 1:29-2:1)

태초에 빛을 창조하시고, 물과 뭍을 나누셨습니다. 그리고 그 안에
살 식물과 동물을 종류대로 창조하셨습니다. 열매를 맺고 먹히는 인생, 큰
광명체와 작은 광명체로 비추는 인생이 되라고 하십니다. 복을 주시는 인
생이 되기 위해 하나님의 형상을 회복하고, 생육하고 번성하고 충만하고,
정복하고 다스리라고 모든 환경을 세팅해 주셨습니다. 세계가 하나님의
눈에 심히 보기 좋도록 완벽하게 창조되었습니다.

인간에게 씨 맺는 채소와 씨 가진 열매 맺는 모든 나무를 식물로 주
셨습니다. 동물에게는 푸른 풀을 식물로 주셨는데 우리에게는 영적 자손
을 강조하기 위해서 "씨" 가진 것들을 주셨다고 생각합니다. 예수 씨가 너
무나 중요하기 때문입니다.

동물과 인간에게 처음 먹을거리로 주신 것은 식물이었습니다. 그리
고 창세기 2장 1절에 천지와 만물이 다 이루어졌다고 합니다. 최초로 하나
님이 지으셨던 세계에는 피 흘림의 약육강식이 없었는데, 노아의 홍수 이
후에 고기를 먹게 됨으로 피 흘림이 시작됩니다. 이것은 인간의 타락 때문
입니다.

그러나 인간을 사랑하시는 하나님은 끝까지 기다리십니다. 결국 하
나님 자신이 이 땅에 성자 하나님으로 오셔서 십자가에서 피 흘려 죽으심

으로 구속사를 이루시고 "다 이루었다"고 하십니다.

십자가의 구속(救贖) 이후에 예수님이 재림하실 때 완전한 새 하늘과 새 땅이 열릴 것입니다. 이것은 창조세계보다도 더 대단한 것입니다. 하지만 하나님은 인간에게 자유의지를 주셨기에 끝까지 안타까워하면서 기다리십니다. 암탉이 그 날개 아래 병아리들을 품듯이(마 23:37) 우리를 모으고자 오래 참으십니다.

내 자녀임에도 내 마음대로 되지 않듯이, 그래서 긴 탄식으로 그 자녀를 기다리듯이 하나님이 우리를 기다리십니다. 내 자녀가 말을 듣지 않을 때 성령님의 탄식을 기억해야 합니다. 자녀에게 모든 걸 주면서 키웠는데 딴짓을 하면 우리는 금세 분노합니다. 본전 생각이 나고 분해서 인연을 끊자고 합니다. 그러나 보시기에 심히 좋은 삶은 이 기다림의 사랑을 다 이루는 인생입니다. 죽어지고, 생색내지 않고, 끝까지 주는 사랑이 다 이루는 사랑입니다.

그런 관계가 세상에서 가능할까요? 한 목자님은 남편도 구원이 안되고 오직 목장만이 위로와 쉼이 되어서 목장만 가면 "아낌없이 주련다"의 마음이 생기신답니다. 싱싱한 상추 하나만 생겨도 목원들에게 먼저 먹이고 싶답니다. 자기는 가난하게 살아도 뭐라도 생기면 목원들에게 주고 싶어 하니 목원들도 목장 모임을 할 때마다 다 싸가지고 와서 서로 사랑을 나눕니다. 이런 마음을 평생 누구에게 갖겠습니까. 내가 하나님의 일을 위해 애쓸 때 하나님이 내 일을 해 주시는 것을 믿기에, 오늘도 오고가는 상추쌈 속에 사랑이 싹틉니다.

생색 없이 아낌없이 주는 사랑을 나누는 공동체가 있습니까? 돌아오지 않는 내 자녀와 배우자를 보며 끝까지 기다리고 죽어 주는 사랑을 할 수 있습니까?

보시기에 심히 좋은 인생은 안식하는 삶이다

² 하나님이 그가 하시던 일을 일곱째 날에 마치시니 그가 하시던 모든 일을 그치고 일곱째 날에 안식하시니라 (창 2:2)

일곱째 날 모든 일을 마치고 안식하십니다. "안식하다"라는 의미의 '사바트'는 지쳐서 쉬는 것이 아니라 모든 일을 마치고 쉬는, 편안한 상태입니다. 세상 사람들은 월요일부터 금요일까지를 주중이라고 하고 토요일과 주일을 주말이라고 합니다. 월요일부터 금요일까지 부지런히 일하고 주말에 그 노동의 대가로 쉰다고 생각합니다. 그래서 주일에 교회 오라고 하면 쉼을 빼앗아 간다면서 싫어합니다.

그런데 인간은 6일째에 만들어졌습니다. 일곱째 날 안식을 누리기 위해서 인간이 한 것이 아무것도 없습니다. 하나님께서 다 만들어 놓으신 것을 누리는 것 외에 인간이 할 일은 없습니다. 노동의 대가로 안식을 얻는 것이 아니라 우리가 안식을 누리도록 창조된 것입니다. 그런데 노동의 대가로 주말을 즐기려고 하니 예배도 싫고 공동체도 싫어합니다.

주일에 안식을 누림으로 월요일부터 노동으로 들어갈 수 있습니다.

그런데 다 거꾸로 삽니다. "좋은 주일 보내세요"가 아니라 "좋은 주말 보내세요" 합니다. 하나님을 경배하지 않고 하나님을 조작하고 관리하려고 하는 것이 우리의 타락상입니다. 믿는 사람들에게는 '일요일'이 아니라 '주일(主日)'입니다. '월화수목금토일'이 아니라 '일월화수목금토'입니다.

7일에 하루를 쉬는 제도는 세계의 모든 문헌 중 오직 성경에만 있습니다. 1년이 365.14일인 태양력, 한 달이 29일인 태음력과도 맞지 않는 독자적 제도입니다. 하지만 의학, 사회학, 교육학 등의 여러 분야에서 6:1로 노동과 안식이 나뉜 태초의 창조 패턴을 아주 효율적이라고 평가하고 있습니다.

태초의 안식의 의미는 타락 이후에 율법으로 규정되어서 자녀들의 신앙교육에 중요한 일부가 되었습니다. 또 신약시대 이후에는 예수님의 부활을 기념해서 주일 제도로 승화되었습니다. 성경에서는 출애굽한 이스라엘 백성에게 십계명 중 제4계명으로 안식일을 지킬 것을 말씀하셨고 (출 20:8-9), 가나안 입성을 앞둔 시점에서 다시 십계명을 주실 때는 안식일에 구속 개념이 나타납니다(신 5:13-15).

> ¹³ 엿새 동안은 힘써 네 모든 일을 행할 것이나 ¹⁴ 일곱째 날은 네 하나님 여호와의 안식일인즉 너나 네 아들이나 네 딸이나 네 남종이나 네 여종이나 네 소나 네 나귀나 네 모든 가축이나 네 문 안에 유하는 객이라도 아무 일도 하지 못하게 하고 네 남종이나 네 여종에게 너 같이 안식하게 할지니라 ¹⁵ 너는 기억하라 네가 애굽 땅에서 종이 되었더니 네 하나님 여호와가 강한 손과 편 팔로 거

기서 너를 인도하여 내었나니 그러므로 네 하나님 여호와가 네게

명령하여 안식일을 지키라 하느니라(신 5:13-15)

하나님은 애굽에서 노예 생활을 하고 있는 이스라엘을 사랑하셔서 구원하셨습니다. 그리고 "네" 하나님 여호와가 "네게" 명령한 안식일을 지키라고 하셨습니다. 구원은 이스라엘 공동체로 이루어졌어도 안식일을 지키는 것은 '너' 개인의 신앙입니다. 모름지기 구원은 개인 구원이고 오롯이 나의 신앙이 되어야 합니다. 안식은 반드시 지켜야 합니다. 안식일에 이렇게 구원과 구속의 개념이 들어가 있기 때문입니다.

휴대폰을 끄는 것은 휴식이고, 휴대폰을 통째로 충전기에 넣는 것이 안식입니다. 휴식과 안식이 이렇게 다릅니다. 김정운 전 명지대 교수의 《휴테크 성공학》에서는 '여가'의 희랍어가 '스쿨라'로, 학자라는 뜻의 스콜라(scholar), 학교라는 뜻의 스쿨(school)의 어원이라고 합니다. 교양을 쌓고 자기를 반성하는 것이 여가인데, 로마 시대부터 '재미'의 개념이 더해집니다. 그러면서 쾌락에 치우친 여가 문화는 로마를 멸망으로 이끄는 데 한몫을 했습니다. 그래서 재미와 자기반성의 균형을 잘 잡는 것이 건강지수이자 행복지수라고 합니다.

자기반성이란 곧 나와 대화하는 능력입니다. 내 안의 또 다른 나를 발견하는 것이 자기반성의 전제조건입니다. 자기반성 능력이 증대된다는 것은 남을 배려하는 의사소통 능력이 내면화된다는 것입니다. 남을 잘 이해하고 돌아보는 사람이 자기 자신도 잘 파악할 수 있습니다.

내 안에 또 다른 내가 있다는 증거가 바로 혼잣말입니다. 누군가가

"2×356은?"이라고 물으면 곧 혼자 중얼중얼하기 시작합니다. 계산하는 나와 그 계산을 기억하고 종합해 주는 내가 있기 때문입니다. 하지만 이러한 나와 또 다른 나 사이의 균형 잡힌 관계란 참 어렵습니다. 이기적이거나 비굴하거나, 둘 중 한 가지가 되기 쉽습니다.

늘 허무맹랑한 꿈을 꾸면서 두려워하면 자기 자신에만 집착하게 됩니다. 예를 들어볼까요? "우리 가족은 너무 사랑이 넘쳐, 이런 가족은 세상에 없을 거야, 우리는 뭐든지 잘 해낼 수 있어"라는 비현실적인 기대감을 품고 있다면 더 잘 해내기 위해 자신을 더욱 채찍질합니다. 결국 실패하게 되면 죄책감과 두려움으로 다시 강화됩니다. 그러면 무의식이 작동해 그 사람은 점차 폐쇄적이 되고 자아에 집착하게 됩니다. 결국 사랑을 주고받는 능력이 심하게 손상됩니다. 그러면 무슨 안식을 누릴 수 있겠습니까. 이 악순환의 고리를 끊어야 합니다.

창세기 1장부터 토씨 하나 안 빠지고 칠 일째 와야 안식이 있습니다. 땅이 되어 모든 오물을 받아내기도 하고, 비추어 주기도 하면서 가야 합니다. 현실을 직면하고 격려 받으며 드러내고 가야 하는데 늘 아름다운 이야기만 하면서 가니 해결이 되지 않고 실망만 하는 것입니다. 말씀으로 내가 얼마나 죄인인지를 알고, 지금 할 수 있는 일을 열심히 하면서 안식을 누려야 합니다.

《자유함》이라는 책을 쓴 닐 앤더슨 목사가 출석하던 교회는 술, 카드, 담배, 영화관, 춤까지도 금기시하는 율법적인 교회였습니다. 늘 무엇을 하는지 감시하면서 볼링 같은 스포츠도 하지 못하게 했답니다. 닐 앤더슨은 어째서 수척하고 침울한 얼굴은 괜찮고 볼링은 안 되는지 궁금했다고 합니다. 그 교회 목사님이 소모임에서 한 노부인에게 무엇이 가장 무거운 죄냐고 물었습니다. 노부인은 단호하게 "안식일을 지키지 않는 것이죠"라고 답했습니다. 그때 닐 앤더슨은 그 목사와 노부인에게 "가장 나쁜 죄는 누군가가 안식일을 지키지 않았다고 해서 그를 나쁜 사람이라고 판단하는 겁니다"라고 말했다고 합니다.

안식일은 지켜야 합니다. 하지만 진정으로 안식하지 못하면서 두려움과 상처와 죄책감으로 지키는 안식일이 옳을까요? 여러분에게 안식이 없는 이유는 무엇입니까? 교회만 다니고 좋은 생각만 해서 안식이 오는 게 아니라 말씀을 구체적으로 보고, 종류대로 과실을 맺으며 먹히는 나무가 되기로 작정해야 합니다.

유명한 물리학자이자 저자인 마크 뷰캐넌은 안식은 까다로운 아기를 안고 자도록 달래는 부모와 같다고 말합니다. 푸른 초장에서 갈비를 뜯는 것이 안식이 아닙니다. 까다로운 아기를 대하듯 어려운 이들을 섬기고 조심조심 돌보아 주는 것이 안식이고 자기반성입니다.

노동의 대가로 자기반성이 없는 재미만 구하고, 죄책감으로 잠시도 쉬지 못하며 고단한 삶을 살고 있진 않습니까? 나는 안식일을 거룩하게 지키고 있습니까?

보시기에 심히 좋은 인생은 거룩한 삶이다

³ 하나님이 그 일곱째 날을 복되게 하사 거룩하게 하셨으니 이는
하나님이 그 창조하시며 만드시던 모든 일을 마치시고 그날에 안
식하셨음이니라 (창 2:3)

일곱째 날에 복을 주셔서 거룩하게 하셨습니다. 거룩은 구별됨의 의
미입니다. 복은 무릎 꿇고 기도하고, 경배하고 찬양한다는 의미의 "바라
크"입니다. 일곱째 날 하나님을 경배하는 복을 주셨습니다. 최고의 복은
예배의 회복입니다. 주일예배, 수요예배, 목장예배를 드리며 주님께 찬양
하고 기도하고 있으면 거룩할 수 없는 우리가 거룩해져 갑니다.

이 세대에 간음과 불륜이 난무합니다. 당사자들은 너무나 황홀하고
태어나 처음 겪어 보는 감정이라고들 하는데, 그것을 누가 죄라고 지적해
줄 수 있겠습니까. 어느 누가 바꿀 수 있겠습니까. 그러나 예배가 회복되
면 우리가 거룩해집니다. 말씀이 들릴 때 나의 굳은 자아가 깨어지고 내
죄가 보이도록 성령님이 인도해 가십니다.

하나님의 사랑을 받을 때 이 세상 무엇보다 아름다운 회개의 감정이
우리의 심령에 솟아납니다. 이 감정을 날마다 맛보게 해 주시기에 우리는
예배를 사수해야 합니다. 최고의 시간으로 여기고 투자해야 합니다. 정죄
하고 가르쳐서 남을 돌아오게 할 수 없지만 예배가 회복되면 거룩해집니
다. 그렇게 되면 오픈도 할 수 있습니다. 수치를 받고 조롱을 받는다 하더
라도, 내가 죄에서 끊어지기를 원해서 오픈하면 죄가 힘을 잃고 예수님 안

에서 안식할 수 있습니다.

그리고 일곱째 날은 이제까지 계속 나왔던 "저녁이 되며 아침이 되니"가 나오지 않습니다. 모든 것에 자유해져서 저녁과 아침 환경에 매이지 않습니다. 고난도 고난이 아니게 됩니다. 비로소 인생의 목적이 행복이 아닌 거룩이 되는 것입니다.

우리들교회 임 집사님의 작은아들이 여자 친구가 임신을 했다며 함께 집으로 왔습니다. 여자 친구는 우리들교회에서 말씀을 듣고 있지만 아들은 아직 믿음이 없습니다. 아들은 대학을 나오지 않은 직장인이고 며느리 감은 대학에 다니는 스물세 살 학생입니다. 여러분이라면 어떻게 반응하시겠습니까? 어떻게 하는 것이 하나님이 보시기에 심히 좋은 인생일까요?

임 집사님은 아들의 사건을 통해 자신의 죄를 고백했습니다. 집사님과 남편이 혼전임신으로 결혼하여 가족을 힘들게 했던 죄를 회개했습니다. 혼전임신의 정죄감으로 죽은 듯 살았기에 아들은 늘 체중미달과 정서불안으로 힘들어했습니다. 그런 아들이 임 집사님 삶의 결론이라고 고백했습니다.

임신한 여자 친구는 수치를 무릅쓰고 교회에 와서 말씀을 들으며 양육을 받았습니다. 큐티한 말씀을 적용하며 스스로 교회 홈페이지에 오픈했습니다. 부끄럽고 힘들었지만 낙태를 생각하는 남자친구에게서 생명을 지키고 싶었다고, 아이를 낳기 위해 부모님께 알렸다고 했습니다. 집사님 가정에서 받아 주신다면 함께 가족 구원의 사명을 감당하겠다고 합니다.

이것은 어디까지나 최선이 아니라 차선의 적용입니다. 결혼 관계만

이 성관계를 합당하게 하기에 이 아이들이 혼전임신을 하고 결혼하기로 결정했다고 해도 결혼 전까지는 지금부터라도 마땅히 순결을 지킬 것을 명했습니다.

그럼에도 임 집사님이 그동안 목자로서 많은 분들을 섬겼습니다. 자식이 돌아오지 않아도 아낌없는 사랑으로 목원들을 돕고 섬겼기에 며느리 될 아이를 통해 갚아 주셨다고 생각합니다.

일곱째 날에 복을 주사 거룩하게 하신 하나님이시기에, 우리의 예배가 회복될 때 구별된 가치관을 가지고 보시기에 심히 좋은 인생을 살게 될 것을 믿습니다. 아낌없이 주시는 아버지 하나님의 마음, 내가 끝까지 돌아오기를 기다리시는 하나님의 마음을 알아야 합니다. 까다로운 아기를 조심조심 달래며 재우는 그 사랑으로 끝까지 우리를 안식하게 하실 하나님을 믿고 바라며 보시기에 심히 좋은 인생이 되기 원합니다.

예배의 회복을 통해 주님을 사랑함으로 나의 죄가 끊어집니다. 나의 예배 생활은 어떻습니까? 바로 오늘 드리는 예배에 말씀이 들리게 해 달라고, 그래서 회개도 하고 오픈도 하며, 거룩해지게 해 달라고 기도합시다.

말씀으로
기도하기

보시기에 심히 좋은 인생을 살기 위해서 우리는 다 이뤄야 합니다. 안식해야 하고, 거룩해야 합니다.

보시기에 심히 좋은 인생은 다 이루는 삶입니다.(창 1:29-2:1)

하나님이 보시기에 심히 좋아하시며 '다 이루니라' 하신 완벽한 세계는 피 흘림이 없는 채식의 세계였습니다. 그런데 인간의 타락이 육식문화를 가져오고 약육강식과 환경 파괴가 시작됐습니다. 그럼에도 인간을 기다리고 또 기다리시는 하나님의 사랑은 예수님이 십자가에서 죽으심으로 '다 이루었다' 하시고 구속사를 완성하십니다. 이와 같이 주면서도 생색내지 않으며 죽어지는 삶을 살게 하옵소서.

보시기에 심히 좋은 인생은 안식하는 삶입니다.(창 2:2)

일곱째 날, 모든 창조 사역을 마치고 안식하십니다. 이 안식은 지쳐서 쉬는 것이 아니라 모든 일을 마치고 기뻐서 쉬는 것입니다. 여섯째 날 인간을 만드시고 일곱째 날 안식하셨으니 인간은 안식을 위해서 한 일이 아무 것도 없습니다. 노동의 대가로 안식하는 것이 아니라, 하나님이 주신 것을 누리고 그 축복으로 노동에 들어가는 것입니다. 말씀으로 자신의 실체를 깨달으며 진정한 안식을 누리게 하옵소서.

보시기에 심히 좋은 인생은 거룩한 삶입니다. (창 2:3)

일곱째 날에 복을 주셔서 거룩하게 하십니다. 복은 '무릎 꿇고 기도하고 경배하고 찬양한다'는 뜻이고, 거룩은 '구별되었다'는 뜻입니다. 모든 사건에서 하나님의 옳으심을 인정하며 하나님을 경배하고 찬양하는 예배가 회복되게 하옵소서.

우리들
묵상과 적용

가난과 외모에 대한 콤플렉스, 중3 때 돌아가신 아버지에 대한 열등
감으로 늘 최고가 되고 싶었던 저는 교회에서 여자로서 제일 높은 사모가
되겠다는 서원을 하며 영적인 야망을 가졌습니다. 이를 이루기 위해 직장
을 다니며 야간 신학교에 다녔지만 예수님이 날 위해 피 흘려 돌아가신 것
이 믿어지지 않아 날마다 갈등했습니다. 신학교 2학년 때 같은 교회에 다
니던 남편이 데이트 신청을 했고, 부모님은 장로님, 권사님, 형님은 목사님
이고 모태에서부터 드려진 자신도 서원을 했다며 여러 가지 신앙 체험을
얘기하는 모습이 너무 영적으로 보여 사귀다가 갈등 없이 혼전 관계를 가
졌습니다. 그런데 결혼을 하고 나니 직장 생활을 하는 제가 조금만 늦어도
기름틀에 넣고 짜듯이 심문했습니다. 혼전순결을 지키지 않고 시작한 결
혼 생활은 죄책감과 두려움, 강박과 집착으로 상처 주고 상처받는 피 흘림
과 악순환의 연속이었습니다.

저는 아파트 입주권을 얻기 위해 투기를 하다 돈을 날렸고, 직장을

그만두고 새로운 일을 시작한 남편도 망했습니다. 서원을 지키지 않아 일이 안 풀리는 거라 생각한 남편은 신학을 시작했습니다. 남편에게는 말씀 보고 기도만 하라며 가장으로서의 책임에 면죄부를 주고 제가 돈을 벌면서 열심히 뒷바라지했지만 남편은 말씀도 안 보고 기도도 열심히 하지 않았습니다. 시집살이하며 직장 생활하는 나를 아무도 도와주지 않는다며 제 분과 생색은 극에 달했고 열심과 인내는 바닥을 드러냈습니다.

사모로서 말씀과 기도에 전념해야 할 것 같아 직장을 그만두었을 때 김양재 목사님의 말씀을 듣게 되었고, 제가 죄인임이 깨달아져 2001년 전도대회에서 예수님께 항복했습니다. 그러던 중 남편의 사역지가 정해져 2년 가까이 부교역자로 사역했는데 담임목사님과 신앙 노선이 다르다는 이유로 사임을 권고받았습니다. 그럼에도 저는 하늘에서 뭔가 뚝 떨어지기만을 바라며 대책도 없이 은행 대출금으로 생활했습니다.

복음의 본질도 모른 채 한 사람의 구원을 위해 죽어질 각오도 없이

입으로만 생명을 드리겠다고 하며 '예수 그리스도의 종님'으로 사람들에게 인정받고 대접받으려 한 것이 하나님 앞에 얼마나 악한 죄인지 나중에야 깨달았습니다. 남편에게 내 죄를 고백하며 용서를 빌고 앞으로 가장으로서의 의무를 감당해 달라고 부탁했더니 핍박이 더 심해졌습니다. 제 큐티책을 찢고, 술 마시고, 폭행하고, 이혼하자며 결혼사진을 찢었습니다. 불안하고 상처받은 큰딸은 옷 사 입고 놀러 다니느라 정신이 없었고, 둘째 딸은 우울증으로 학교에서 이유 없이 쓰러지고 자해하려 하고, 아들은 무기력하면서도 비판적이 되어갔습니다. 이 힘든 사건들을 저 혼자는 감당할 수 없었지만 함께 오픈하며 기도하는 강한 공동체가 있었기에 떠내려가지 않고 견딜 수 있었습니다.

　　백 퍼센트 죄인인 나는 죄의 문제를 해결할 수 없기에 하나님께서 나와 똑같은 남편을 내 옆에 붙이셔서 내 속의 악을 보고 돌이키라고 하십니다. 저를 위해 피 흘리기까지 사랑하시고 저의 잘못된 가치관을 차례대

로 한 가지씩 깨뜨리시며 말씀으로 양육하시는 주님, 사역이 야망이 되어
안식이 없었던 제게 참 안식을 주신 주님을 사랑합니다.

기도

아버지 하나님께서 보시기에 심히 좋다고 하시는 인생을 살고 싶습니다. 하지만 다 이루는 인생은 십자가에서 피를 뿌려 죽어 주는, 아낌없이 주는 사랑이라고 하십니다. 사랑을 하고 아낌없이 주는 것 같아도 아직도 원통하고 분하고 생색나는 일이 많아서 안식을 온전히 누리지 못합니다. 두려움과 죄책감이 날마다 교차하고, 늘 허무맹랑한 기도를 하면서 열심히 뛰지만 실패하는 악순환의 고리에 있습니다. 저를 불쌍히 여겨 주시옵소서. 내 안의 죄책감과 두려움을 치료해 주셔서 사랑할 수 있는 능력을 회복하게 도와주시옵소서.

주님께서 각자 환경 가운데 찾아가시기 원합니다. 복을 주사 거룩하게 한다고 하셨사오니 예배가 회복되게 하시고 말씀의 구조 속에 있도록 도와주시옵소서. 나 혼자서는 안 되고 공동체에서 죄를 오픈함으로 죄가 힘을 잃는 능력을 경험하게 해 주시옵소서. 예배를 통해 나의 더러움을 보며 질긴 죄악이 끊어지게 하여 주시옵소서.

안식일을 지킬 수 있는 환경을 허락해 주옵소서. 교회를 나와도 안식하지 못하는 사람들에게 안식을 허락해 주옵소서. 보시기에 심히 좋은 인생으로 회복되는 우리가 되도록 도와주시옵소서. 예수님의 이름으로 기도합니다. 아멘.

PART 2   하나님의 눈물

형벌이 축복으로

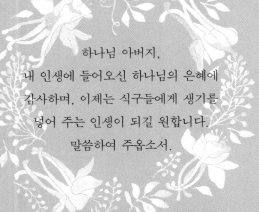

하나님 아버지,
내 인생에 들어오신 하나님의 은혜에
감사하며, 이제는 식구들에게 생기를
넣어 주는 인생이 되길 원합니다.
말씀하여 주옵소서.

chapter 06

생기를 흘려보내라

창세기 2:4-17

우리들교회의 오준이는 심실 부정맥으로 쓰러져 온전히 회복되지 못했습니다. 처음 쓰러지고 9개월 입원 생활을 하는 동안 생명의 위기도 있었지만, 하나님의 은혜와 성도들의 기도로 오준이의 심장이 다시 뛰기 시작하고 가정에도 놀라운 하나님의 역사하심이 있었습니다. 오준이의 사건을 돌아보면서 사람이 생령이 된다는 것이 무슨 의미일까 생각해 봅니다.

생령이 된다는 것은 구속사의 주인공이라는 의미다

창세기 1장에서는 천지와 만물을 창조하시고 인간에게 하나님의 대리자가 되라고 명령을 하십니다. 그리고 2장에서는 인간의 창조만 따로 떼어 언급합니다. 삼위 하나님이 함께 의논하셔서 인간을 지으셨는데, 인간의 타락의 단초가 2장에서 나옵니다.

> ⁴ 이것이 천지가 창조될 때에 하늘과 땅의 내력이니 여호와 하나
> 님이 땅과 하늘을 만드시던 날에 (창 2:4)

그 동안 엘로힘, 장엄하신 하나님만 언급하다가 하늘과 땅의 내력이 나오면서 "여호와 하나님"이라고 하십니다. 하나님과 인간이 언약을 맺게 될 것을 암시하는 것입니다. "내력"이라는 말은 히브리어로 '톨레도트'입니다. 창세기에 나오는 10대 계보들이 '약전', '사적', '후예' 등으로 표현되지만 원어로는 다 똑같은 '톨레도트'입니다. 계보가 왜 중요합니까? 이 계보에 초점을 맞출 때 하나님의 구속사를 이해하고 그 속에서 내 인생을 조망할 수 있기 때문입니다.

창세기의 계보 중에서 열 번째 계보인 야곱의 족보(창 37:2)는 어떻게 보면 야곱의 이야기라기보다는 요셉의 이야기를 더 많이 다룹니다. 하지만 요셉의 족보가 아니라 야곱의 족보라고 합니다. 좋은 사람만 구속사(救贖史)의 계보에 들어가는 것이 아니기에 열 가지 계보에 데라, 이스마엘, 에서의 계보들도 포함됩니다. 다윗이 다윗 된 것은 사울이 그 곁에서 몽둥이 역할을 하고 수고했기 때문입니다. 나의 구속의 계보도 믿지 않는 내 주변 사람들이 날 위해서 수고함으로 함께 기록됩니다. 그렇기 때문에 인간의 문제는 선악의 문제가 아니라 구속의 문제로 풀어야 합니다. 그러기 위해서 "하늘과 땅의 내력"으로 시작하는 것입니다.

아담이 창조된 내력으로부터 시작해서 죄에서 구원할 자 예수님이

오십니다(마 1:21). 그래서 모든 구속사의 초점은 예수님이십니다. 성경의 구약은 오실 예수님에 대해, 신약은 오신 예수님에 대해 이야기합니다. 성경은 나를 구원하기 위한 이야기이기에 내 문제 역시 선악의 문제가 아닌 구속의 문제입니다.

> ⁵ 여호와 하나님이 땅에 비를 내리지 아니하셨고 땅을 갈 사람도
> 없었으므로 들에는 초목이 아직 없었고 밭에는 채소가 나지 아니
> 하였으며 ⁶ 안개만 땅에서 올라와 온 지면을 적셨더라 (창 2:5-6)

인간이 창조되기 전에 땅과 바다를 만드시고 식물을 창조하셨지만 경작이 시작되지는 않았습니다. 모든 것이 다 세팅되었지만 경작하고 다스리지 않으면 아직 내 것이 아닙니다. 하지만 하나님은 안개를 통해 습기를 내시고, 땅을 유지시키십니다. 때가 되기까지 기다리고 준비해 주십니다.

> ⁷ 여호와 하나님이 땅의 흙으로 사람을 지으시고 생기를 그 코에
> 불어 넣으시니 사람이 생령이 되니라 (창 2:7)

하나님은 구속사의 주인공인 인간을 세상에서 가장 보잘것없는 흔한 티끌과 먼지인 흙으로 지으십니다. 다이아몬드도 있고 금과 은도 있는데, 바람만 불어도 훅 하고 날아갈 흙으로 지으셨습니다. 흙과 인간은 화학적인 조합이 같다고 합니다. 다 티끌로 지음을 받았고 별 인생이 없기 때문에 돈과 명예, 권세를 자랑하는 인생은 어리석은 인생입니다. 그래서 별과

같은 인생이 되게끔 하나님이 생기를 불어넣으십니다. 영적인 존재가 되게 하십니다.

하나님을 모르는 사람은 티끌에 불과합니다. 하나님의 생기가 인간의 본질입니다. 우리의 영혼이 하나님께로부터 온 것이 바로 생령이 되었다는 의미입니다.

전도서에서는 "너는 청년의 때에 너의 창조주를 기억하라 곧 곤고한 날이 이르기 전에, 나는 아무 낙이 없다고 할 해들이 가깝기 전에"(전 12:1)라고 합니다. 영원을 준비하지 않으면 모든 것을 갖추고 누리더라도 흙으로 돌아갈 뿐입니다. 인간이 흙에서 만들어졌어도 하나님의 품에서 말씀에 순종하고 살 때 흙덩이 이상의 고귀한 존재가 됩니다. 칼빈은 하나님의 형상으로 만들어진 인간의 탁월성이 감사에 있다고 했습니다. 내 재료가 티끌이고 먼지인데, 숨 쉬는 순간마다 어찌 감사하지 않을 수 있겠습니까.

오준이는 지난 2007년 우리들교회 청소년부 예배에 처음 등록한 날, 새가족으로 앞에 나와 인사를 하자마자 그 자리에서 쓰러졌습니다. 이 일을 어떻게 받아들일 수 있을까요. 인간적으로만 본다면 공부도 잘하던 모범생 아이가 교회에 와서 참변을 당했다고 생각하지 않겠습니까. 쓰러진 오준이는 병원으로 옮겨져 심폐소생술을 받았지만 대뇌에 산소가 오랫동안 공급되지 않아 세포에 심각한 손상을 입었고 의식은 여전히 회복되지 않고 있습니다. 그러나 오준이가 생령이 되어서 지금 그 집안을 살리고 있기에 오준이는 결코 흙덩이에 불과한 육체가 아닙니다. 쓰러져도 하나님 아버지 집에서 쓰러졌기에 하나님이 선대하셔서, 그동안 자식밖에 모르던 오준이 부모님이 자신의 죄를 보고 아들의 이 사건으로 지금껏 많은 사람들을 살리고 있습니다.

9개월 입원 생활을 마치고 퇴원하던 날, 오준이 아버지가 이렇게 기도제목을 올리셨습니다.

아직도 '묻자와 이르되'가 부족한 저희 가정을 위하여 하나님은 일대일양육과 양육교사 교육, 그리고 둘째 딸아이 재희는 중등부 제자훈련으로 부족함을 메우고 채워 가는 훈련 중에 있습니다.

이제 오준이가 집으로 오면 항상 마음속에 체증이 되어 저희 부부를 짓눌렀던 기도도 함께 하고 말씀과 찬양도 마음껏 할 수 있을 것 같습니다. 가족의 음성에 귀 기울이는 오준이기에 안정에도 많은 도움이 되지 않을까 하는 생각입니다.

성도님들의 많은 기도와 사랑을 받아 온 오준이가 아직 의식은 없지만, 모든 신체 장기들은 지극히 정상적으로 작동하고 있습니다. 육신의 부모를 찾아 집으로 돌아오는 오준이처럼, 참 자유와 안식이 있는 아버지 품으로 저희 가정 또한 무사히 돌아올 수 있도록 성도님들께 사랑의 빚을 또 한 번 지우려고 합니다. 우리들 공동체 가족 여러분들에게 진심으로 감사드리고, 각 가정의 기도제목에도 긍휼하신 하나님의 사랑이 함께하시기를 두 손 모아 기도드립니다.

이것이 생령이 되는 사건입니다. 당시 오준이의 동생이 예배 시간에 앞에 나와 적용을 하면서 이 사건으로 더 많이 말씀을 보게 되었고 엄마 아빠가 전보다 훨씬 겸손해지셨다고 이야기했습니다. 죽을 수밖에 없는 사건 속에서 하나님이 생기를 불어넣어 주셔서 온 가족이 충만한 시간을 보내고 있습니다.

~~~~~~~~

나를 티끌과 먼지로 지으셨는데, 내가 금과 은으로 지어진 것처럼 착각하고 다른 사람들을 무시하지는 않습니까? 내 초라하고 힘든 사건 속에 하나님이 생기를 불어넣어 주셔서 구원의 사건이 되게 해 달라고 기도합시다.

에덴동산을 경작하며 지키라고 생령이 되게 하신다

> [8] 여호와 하나님이 동방의 에덴에 동산을 창설하시고 그 지으신
> 사람을 거기 두시니라 (창 2:8)

하나님은 에덴을 창설하시고 우리를 거기 두십니다. 내가 거듭나서 생령이 되어야 내가 어디에 거할지가 분별됩니다. 에덴동산은 실제로 있던 곳입니다. 에덴동산이 너무나 아름답습니다. 얼마나 아름다웠는지 9절부터 14절까지 말씀에 나옵니다.

> [9] 여호와 하나님이 그 땅에서 보기에 아름답고 먹기에 좋은 나무

가 나게 하시니 동산 가운데에는 생명 나무와 선악을 알게 하는 나무도 있더라 ^{10} 강이 에덴에서 흘러 나와 동산을 적시고 거기서부터 갈라져 네 근원이 되었으니 ^{11} 첫째의 이름은 비손이라 금이 있는 하윌라 온 땅을 둘렀으며 ^{12} 그 땅의 금은 순금이요 그 곳에는 베델리엄과 호마노도 있으며 ^{13} 둘째 강의 이름은 기혼이라 구스 온 땅을 둘렀고 ^{14} 셋째 강의 이름은 힛데겔이라 앗수르 동쪽으로 흘렀으며 넷째 강은 유브라데더라 (창 2:9-14)

보기에 아름답고 먹기에 좋은 나무와. 사람이 살기에 꼭 필요한 강 등 더 이상 좋을 수가 없는 환경입니다.

^{15} 여호와 하나님이 그 사람을 이끌어 에덴동산에 두어 그것을 경작하며 지키게 하시고 (창 2:15)

이렇게 우리에게 완벽한 환경을 주시고 다스리며 지키게 하십니다. 에덴에 두신 것은 하나님이 적극적으로 보호해 주시고, 인간은 안식하고 머문다는 의미입니다. 다스리고 지킨다는 것은 겸손하게 섬기며 애정을 갖고 보살피는 것입니다. 이 좋은 에덴에서 먹고 놀면 편할 것 같은데, 더 큰 하나님 나라를 누리기 위해서 경작을 하고 지켜야 합니다. "조용히 자기 일을 하고 너희 손으로 일하기를 힘쓰라"(살전 4:11)고 하신 것처럼 이 땅에서 열심히 일해야 합니다.

그런데 이 완벽한 에덴에 죄가 들어옵니다. 하윌라 온 땅에 금이 있고 호마노와 베델리엄도 있는 너무나 풍성하고 달콤한 이 땅에서 범죄가 일어났습니다. 우리는 풍요로운 환경, 완벽한 환경만을 원합니다. 그래서 "돈만 주시면 예수 잘 믿겠다"고 합니다. 하지만 인류 최상의 환경에서 죄가 발생했기에, 환경이 문제가 아님을 알 수 있습니다.

늘 이혼이 목적이던 집사님이 계셨습니다. 자신이 능력이 있으니 무능한 남편과 살기 싫었습니다. 제가 그렇게 말렸지만 결국 이혼을 강행하셨습니다. 그러더니 이혼한 지 얼마 안 되어 목장에서 이런 고백을 하셨습니다.

분위기에 잘 휩쓸려 다니는 딸의 모습이 예전에 아빠에게 끌려 다니던 엄마의 모습과 똑같다는 아들의 말을 들었습니다. 이혼하고 혼자 살다 보니 울타리가 없어 남자들을 만나기도 쉽고 죄 짓기가 너무 쉬운 것을 보면서 목사님이 왜 그토록 이혼 불가를 외치는가를 알게 되었습니다.

아빠를 싫어하고 무서워했던 아이들도 자유분방하게 변해 가는 모습을 보면서 아빠의 역할까지 감당한다는 것이 버겁고 내 마음을 몰라주는 아이들에게 서운한 마음이 듭니다. 무서운 사람이 없으니까 관계와 질서에 잘 순종치 않으며 나를 무시하는 것 같고, 자신들에게 집착한다는 아이들의 말을 들으면서 아이들을 내려놓아야겠다는 생각이 들어 다른 남자를 만나게 되었습니다. 전남편과의 재결합은 자신이 없었기에 가정의 안정을 위해서, 특히 아들에게는 아빠의 자리가 필요할 것 같아서 지금의 그 남자를 택했습니다. 처음에는 그런 마음이 없었는데, 지금은 어떤 환경에서도 이혼만큼은 절대로 하지 말아야 한다는 생각이 듭니다.

이혼을 하지 말라고 그렇게 말렸는데 지금 와서 후회를 하십니다. 힘든 남편과 살더라도 아이들과 믿음으로 하나가 되고 예배에 전념하면 온 가정이 살아날 것입니다. 그래서 이혼을 말린 것입니다. 정작 이혼을 해서 무서운 사람이 없어지니 아이들을 통제할 수가 없다고 합니다. 다른 남자를 만난다고 아이들이 통제가 되겠습니까. 내가 지고 있는 나무십자가가 싫어서 황금십자가를 지면 보기는 좋겠지만 너무 무겁고, 향기로운 장미 십자가를 지겠다 하면 그 가시가 다 나를 찌릅니다. 그래서 결국은 "처음 그 나무십자가가 제일이었구나" 하는 것이 우리 인생의 주제입니다.

가정에서 한 사람만 중심을 잡으면 그 사람을 통해 예수님이 오십니다. 다윗이 사울에게 그렇게 괴롭힘을 당했어도 중심을 잡고 하나님을 힘 있게 의지했기에 다윗의 후손으로 예수님이 오셨습니다. 별 인생이 없습니다. 우리가 다 먼지와 티끌이기에, 생기를 거두어 가시고 나면 남는 것이 없습니다. 오직 예수밖에 남겨줄 것이 없습니다. 내가 환경에 순종하고 사는 모습을 보일 때 내 자녀들이 예수님을 알게 되는 것입니다.

내 환경을 원망하고 있습니까? 환경만 좋아지면 열심히 섬기겠다고 합니까? 지금의 환경에서 종노릇, 왕 노릇으로 치우치지 않고 잘 섬기게 해 달라고 기도합시다.

생령이 된 사람은 하나님의 명령을 따라야 한다

⁹ 여호와 하나님이 그 땅에서 보기에 아름답고 먹기에 좋은 나무가 나게 하시니 동산 가운데에는 생명나무와 선악을 알게 하는 나무도 있더라 (창 2:9)

¹⁶ 여호와 하나님이 그 사람에게 명하여 이르시되 동산 각종 나무의 열매는 네가 임의로 먹되 (창 2:16)

생명나무를 에덴동산의 구석에 두신 게 아니라 중앙에 두셨습니다. 그리고 그 옆에는 금하신 선악과를 딱 놓아 두셨습니다.

많은 사람들이 왜 하나님이 굳이 자유의지를 줘서 선악과를 따 먹게 했냐면서 반감이 섞인 질문을 합니다. 하나님은 나를 짐승처럼 강제로 대우하지 않으십니다. 하나님의 붕어빵인 나를 인격적으로 대해 주시기에 우리에게 자유의지를 주셨습니다. 기다리고 인내하시면서 나더러 고르라고 하시는 것입니다.

지난 2008년, 일본 사회를 충격에 빠뜨린 묻지 마 살인범 가토 도모히로는 도쿄의 아키하바라 거리에서 2톤 트럭을 몰고 돌진, 3명을 숨지게 하고 2명에게 부상을 입혔습니다. 그러고는 차에서 내려 칼로 사람들을 난자해 12명에게 자상을 입혔고, 그중 4명이 사망했습니다. 가토에게는 세 살 어린 남동생이 있는데 그가 시사주간지 〈슈칸겐다이(週刊現代)〉에 편지를 보냈습니다.

우리 집은 지극히 평범하고 행복한 가정이었다. 웃으면서 함께 식사하고 여름 휴가 땐 다 함께 여행도 갔다. 주말 외식을 빠뜨리지 않았다. 집안에 냉기가 돌기 시작한 건 초등학교 4학년 때부터다. 어린 시절이라 이유는 알 수 없지만 어머니는 1층에서 혼자 자고 2층에서 아버지, 형, 내가 각각 따로 잤다.

학교에서 내준 작문, 그림 숙제의 테마와 문장, 구성은 어머니 지시에 따랐다. 어머니는 선생님 마음에 들게 하라고 요구했고, 우리는 거기에 따라 기계처럼 글을 쓰고 그림을 그렸다. 어머니는 언제나 완벽을 요구했다. 작문을 하다가 글자 한 자가 틀리면 지우고 다시 쓰게 하는 것이 아니라 원고지를 버리고 처음부터 다시 쓰게 했다. 쓰다가 버리고 쓰다가 버리고 해서 작문 하나 완성하는 데 보통 일주일이 걸렸다.

작문 중에 숙어를 쓰면 왜 이 말을 썼냐고 물어본 뒤 어머니는 10, 9, 8, 7…로 열까지 셌다. '10초 룰'이다. 답을 못하면 바로 따귀를 맞는다. 답할 때까지 이런 식으로 뺨을 때리고 울면 운다고 또 뺨을 때렸다.

형이 중학교 1학년이던 어느 날, 그날도 다 같이 모여 말 한마디 없이 저녁 식사 중이었다. 어머니가 갑자기 형에게 화를 내면서 복도 바닥에 신문지를 깔고 형이 먹던 밥이랑 국을 다 쏟아 부었다. "거기서 먹어." 형이 울면서 신문지 위의 밥을 먹는 것을 곁눈질로 봤다. 아버지는 아무 말이 없었다.

집에 TV가 있었지만 '도라에몽' 등 만화영화 2편 말고는 시청

금지였다. 중학교 2학년 때까지 그랬다. 친구를 집에 데려오는 것도, 이성 교제도 금지였다. 고등학교 갈 때까지 나는 다른 집도 모두 이런 줄 알았다. 하지만 그게 아니라는 걸 알고 충격을 받았다.

형은 커 가면서 반항기를 맞았다. 폭발은 중3 때였다. 1층에서 어머니와 형의 말싸움 소리가 들렸다. 잠잠해질 때쯤 내려가 보니 늘 안경을 쓰는 어머니가 맨얼굴로 울고 있었다. 피도 흘렸던 것 같다. 형이 어머니를 때렸다고 생각했다. 그런 모습을 다시 본 적은 없다. 이후로 그 폭력을 감당한 건 벽이다. 형 방의 벽은 온통 구멍투성이였다. 학교에서도 뭔가 울컥 치밀어 교실 유리창을 맨손으로 몇 장이고 깬 적이 있다. 나도 벽을 때리거나 차는 게 버릇이 됐다. 휴대폰도 없고 TV 보는 데도 익숙지 않았고 햄버거 사 먹는 법도 몰랐던 나는 고교 입학 후 동급생에게 이상한 눈으로 비쳤다. 3개월 만에 학교를 그만두고 '히키코모리'(은둔형 외톨이)처럼 지낸 적도 있다.

여기서 볼 수 있듯이 문제아는 없고 문제부모만 있습니다. 부부가 한 방에서 자고, 서로 사랑하는 모습을 보여주는 것이 자녀에게 주는 최고의 가정교육입니다. 자녀를 자유의지가 없이 강압적으로 키우면 분노와 상처로 병든 사람이 됩니다.

하나님은 우리를 그렇게 대하지 않으십니다. 자유의지를 가진 인간을 기다려 주시고 선택권을 주십니다. 여러분은 자녀를 어떻게 키우십니까. 시험 기간이 되면 고등부 예배에 참석하는 아이들의 수가 절반 수준으로 줄어듭니다. 아이들을 하나님께 맡겨야 하는데, 눈에 보이는 성적만 중요하기 때문에 시험 때는 아이들을 교회에 안 보냅니다. 그렇게 공부시켜서 뭐하려고 합니까.

우리는 뭐가 중요한지를 모릅니다. 그래서 명하여 이르시는 주님의 말씀을 들어야 합니다.

> ¹⁷ 선악을 알게 하는 나무의 열매는 먹지 말라 네가 먹는 날에는
> 반드시 죽으리라 하시니라 (창 2:17)

선악과를 먹으면 반드시 죽으리라고 하시는데도, 우리는 선악과가 너무 좋습니다. 생명나무보다 더 귀해 보입니다. 그래서 예수를 안 믿어도 성품이 좋으니 결혼한다고 합니다. 예수님을 믿어도 밤낮 선악의 문제로 넘어지고 칭찬하고 판단합니다. 에덴같이 좋은 환경에서 순종하는지 안 하는지가 중요하지, 선악의 문제가 중요한 것이 아닙니다.

선악과를 먹는 순간 타락의 역사는 시작됩니다. 인간이 선악과를 먹기 전에는 선만 행했는데, 먹은 후에는 온갖 악까지 다 행할 재능을 갖게 됩니다. 그러면 하나님이 내버려두실까요? 하나님은 창세기 2장 4절에서 이미 구속의 역사를 준비하셨습니다. 아무리 속을 썩여도 하나님의 형상이 그 속에 있기 때문에, 이런 타락의 사건을 통해서도 순종하면 선이고 불순종하면 악이라는 것을 깨닫게 하셨습니다.

자녀가 미워서 때리는 부모는 없습니다. 어떻게 하면 내 새끼가 자발적으로 잘못을 깨닫고 빌까 궁리합니다. 그렇게 하나님도 궁리하십니다.

사람들이 하나님을 눈으로 볼 수 없기에, 이제는 보여 주는 역할을 하라고 나를 부르셨습니다. 왕 같은 제사장이 되어서, 나를 어두운 데서 불러내어 그의 기이한 빛에 들어가게 하신 이의 아름다운 덕을 선포하라고(벧전 2:9) 나에게 사명을 주셨습니다. 세상의 정욕을 피해 하나님의 신성한 성품에 참여하라고(벧후 1:4) 내게 문제도 주시고 어려운 사람들도 붙이십니다. 내 모든 환경은 신의 성품에 참여하라고 주신 것입니다. 내 문제가 해결되지 않는 것은 하나님의 약속과 목적을 모르기 때문입니다. 약속을 믿기만 하면 하나님은 어떤 방해를 뚫고서라도 예수님을 보내십니다. 이것이 구속사입니다.

헨리 나우웬은 "우리의 상처는 진정 우리의 것이다"라고 말했습니다. 하나님의 사랑받는 자녀로 부르심을 받는다는 것은, 내 상처가 빛난 면류관이 되는 것이라고 했습니다. 그렇습니다. 예수님을 믿는 것은 모든 수치와 저주가 빛 된 자리로 나와서 종류별로 다른 사람을 살리게 되는 것입니다. 우리의 진정한 은사는 남들을 위해 무엇을 해주는 것보다도 우리의 존재 그 자체입니다. 자신을 가장 잘 도와주는 사람은 바로 '더불어 자신의 삶을 나누는 사람'이라고 헨리 나우웬이 고백했습니다.

부유한 에덴동산에 거하면서는 나눌 것이 없습니다. 죄가 들어와 타락해서 이제 주님의 구속을 기대하는 사람들에게, 우리는 내가 왜 에덴에서 추방당했는지를 이야기해야 합니다.

정신지체자들이 모인 라르쉬 공동체에서 하버드 교수, 세계적인 영성가라는 헨리 나우웬의 타이틀은 자랑거리도, 공헌도 되지 못했습니다.

하지만 가족 때문에 힘든 시간을 겪었던 빌은 그 공동체 안에서 우정의 은사로 헨리 나우웬을 도왔습니다. 언어장애를 가지고 있는 린다는 사람들을 환대하는 특별한 은사를 가지고 공동체의 사람들을 편안하게 해 주었습니다. 말하지도 못하고 혼자서는 걷지도, 먹지도 못하는 아담은 평안을 가져다주는 놀라운 은사가 있었습니다. 이렇게 장애가 있는 사람들은 상처가 명백하기에 자기의 은사를 아낌없이 나누어 줍니다.

구속사의 주인공은 나의 상처를 빛 된 자리로 가지고 나와 다른 사람을 살리는 사람입니다. 이 진리를 모르면 아무리 잘난 척을 해도 흙덩이에 불과합니다. 상처와 장애의 문제를 어떻게 선악의 문제로 다루겠습니까. 바람난 남편 앞에서 선악의 개념으로 공자 왈 맹자 왈 한다고 그가 돌아오겠습니까. 남편의 친구와 시부모님을 찾아가 울며 하소연한다고 돌아오겠습니까. 생기도 없는 인간이 무슨 문제를 해결해 주겠습니까. 하나님의 생령으로 거듭난 사람끼리 모여서 하는 대화가 어떤 부자들이 하는 대화보다 아름답고 귀합니다.

옳고 그름과 잘잘못을 따지며 시간과 감정을 낭비하지 마십시오. 그 문제 때문에 구원이 오는 소리를 들어야 합니다. 이제 우리에겐 오직 말씀에 순종하는 것만 남았습니다.

나를 너무나 힘들게 하는 가족, 동료가 있습니까? 그 사람을 선악의 관점이 아니라 구속의 관점으로 바라보게 해 달라고 기도합시다.

말씀으로
기도하기

생령이 된다는 것은 구속사의 주인공이 되는 것입니다. 모든 것을 선악의 문제로 보지 않고 오직 구원의 문제로 보아야 합니다.

생령이 된다는 것은 구속사의 주인공이라는 의미입니다.(창 2:4-7)

천지를 창조하신 장엄한 하나님 '엘로힘'에서 '여호와 하나님'으로 인간과 언약을 맺으십니다. 가장 고귀한 인간을 가장 흔한 흙으로 만드셨습니다. 돈, 권세, 명예를 자랑해도 결국 보잘것없는 흙으로 만들어진 존재임을 깨닫게 하옵소서.

에덴동산을 경작하며 지키라고 생령이 되게 하십니다.(창 2:8-15)

최고의 환경인 에덴에 두신 것은 거기에서 군림하며 놀고먹으라는 뜻이 아닙니다. 에덴과 비교도 안 되는 더 큰 하나님 나라를 누리기 위해 그 환경을 다스리며 지키라는 것입니다. 하나님께서 두신 내 자리, 가정과 직장에서 다스리고 지키라는 최초의 명령에 순종하기 원합니다.

생령이 된 사람은 하나님의 명령을 따라야 합니다.(창 2:9, 16-17)

에덴동산 구석이 아니라 누구나 볼 수 있는 중앙에 생명나무와 선악
나무를 두신 것은 우리를 인격적으로 대하시고 자유의지를 주신 것입니다.
선과 악은 행위의 문제가 아니라, 하나님께 순종하면 선이고 불순종하면
악인 것을 깨닫기 원합니다. 선악이 아닌 생명의 문제, 구원의 문제로 바라
보며 하나님의 약속을 이루는 구속사의 주인공으로 살아가게 하옵소서.

우리들
묵상과 적용

저는 다섯 남매의 막내로 편애를 받고 자라 무척 이기적이고 욕심이
많았으며, 남에게 지기 싫어하는 집착 증세도 심했습니다. 결혼 전 5년간
사귀었던 아내와 저는 혼전임신을 하게 되었고, 그 사실을 숨기기 위해 얼
마나 큰 죄인지도 모른 채 낙태를 행하는 죄를 범하기도 했습니다.

결혼 후 아내에게 이끌려 교회를 다니기 시작했지만 직장에서 인정
받기 위해 고군분투했습니다. 이것이 나의 황금십자가가 되어, 주일에도
전날 마신 술이 깨지 않아 굳게 입을 다문 채 예배를 드리기도 여러 번이
었습니다. 단골 카페의 여주인으로부터 소개받은 이혼녀와 한두 번 술자
리가 이어지며 탐욕스런 불륜을 행하기도 했습니다. 거짓말이 늘어나고
휴대폰 사용이 부자연스러운 것을 눈치 챈 아내는 상대방과 통화를 하였
고 수개월간의 교제가 단번에 단절될 수 있었습니다. 교회를 다녀도 말씀
을 밝히 알지 못하였기에 저의 행위 하나로 아내에게는 너무도 큰 낙망과
상처가 남게 되었습니다.

끝없이 깨닫지 못하고 세상으로 향하던 저에게 하나님은 2007년 10월 14일 출애굽의 사건을 주셨습니다. CTS 방송을 통해 김양재 목사님 말씀에 은혜를 받고 있던 저는 큰아이 오준이를 우리들교회 청소년부에 등록시키게 되었습니다. 새신자 등록과 자기소개를 마치면서 오준이는 그 자리에서 부정맥으로 갑자기 쓰러져 심장의 박동이 줄어들었고, 응급실에서 실시한 수차례의 전기 충격으로 미약하게나마 다시 심장이 뛰게 되었습니다. 중환자실에 누워 온몸에 꽂힌 주사바늘과 인공호흡기로 생명을 연장하고 있는 아들의 모습을 바라보며 저는 하나님이 너무도 원망스러웠습니다. 하루하루 시간이 지나면서 그토록 깨닫지 못하던 저에게 하나님은 제일 먼저 모든 예배를 회복시켜 주셨고, 날마다 큐티를 통해 끊임없이 말씀해 주시고 위로해 주셨습니다.

곤고한 병상의 시간들 속에서도 하나님은 오준이를 통하여 많은 역사를 나타내셨습니다. 땅에서 풀면 하늘에서도 풀어 주신다는 말씀에, 오준이가 쓰러지던 날 제일 먼저 작은 동서에게 전화를 했습니다. IMF 시절 전 재산이었던 강남의 집 한 채를 동서에게 서 준 보증으로 고스란히 날리게 되었고, 인간적인 배신감으로 10년 가까이 왕래가 없었던 동서 내외와 병실에서 서로가 용서를 구하며 화해했습니다. 병상의 오준이는 믿지 않던 가족을 구원의 길로 인도하였고, 병실을 찾은 오준이 친구들과 그 어머니들에게, 또한 병원에서 만나는 사람들에게도 하나님의 사랑과 복음을 전하게 해 주었습니다.

아내는 오준이가 스스로 쓰러져서 미워할 사람도 없고 원망할 사람도 없는 이 환경이 무척 감사하며, 예배를 드리다 쓰러진 아들이 자랑스럽다고 말합니다. 오준이가 쓰러진 사건은 오준이를 다시 일으키는 것이 목적이 아니라 오준이를 하나님의 생령, 저희 가정 구속사의 주인공이 되게 하여 먼지와 티끌처럼 무너질 저희 가정을 주님의 터전 위에 새롭게 세워 나가기 위한 하나님의 계획임을 깨닫게 해 주셨습니다. 부족한 저를 거듭

나게 하셔서 제가 있어야 할 자리를 찾게 해 주시고, 환난 중에도 참 자유
와 안식을 주신 하나님께 찬양과 경배를 드립니다.

기도

하나님 아버지, 생령이 된다는 것은 구속사의 주인공이 되는 것이라고 하십니다. 그런데 날마다 불평과 원망으로 외롭고 힘듭니다. 내가 티끌로 만들어진 것을 잊어버리고 마치 금과 은으로 만들어진 양 착각하며 삽니다. 나의 환경을 다스려야 하는데 종노릇을 하며 다스리지 못하고, 왕노릇을 하며 생색을 냅니다. 죽어지지를 못합니다. 그러므로 하나님의 명령을 듣기 원합니다. 선악의 시각이 아닌 구원의 시각으로 돌아가게 하여 주시옵소서.

나의 상처는 주님이 내 인생에 들어오신 후부터 빛난 것이 되었음을 믿습니다. 이제 구속사가 시작되게 하여 주시옵소서. 이 세상의 어떤 사건을 통해서도 구원의 소리를 듣게 하여 주시옵소서. 나의 식구들에게 생기를 넣어 주셔서 생령이 되게 하여 주시옵소서. 날마다 옳고 그름을 따지며 선악의 문제로 죽어 가는 우리의 가정, 우리 사회를 살려 주시옵소서. 이 땅의 위정자들이 선악의 판단에서 벗어나 오직 하나님의 음성을 듣고 구

원의 관점으로 이 나라를 다스리도록 지혜를 허락하여 주시옵소서. 예수
님의 이름으로 기도합니다. 아멘.

하나님 아버지,
구원을 이루어 가기 위해
돕는 배필이 필요하다고 하십니다.
모든 지체들이 어두운 세상 가운데서
돕는 배필로 서게 하옵소서.

돕는 배필

창세기 2:18-25

대외적으로 신망이 높고 많은 존경을 받는 목사님 부부가 있었습니다. 그런데 15년간의 결혼 생활 후 남편 목사님이 성도착증 환자라는 것이 밝혀졌고, 근무하던 기관에서는 해고를 통보했습니다. 많은 신앙의 동료들도, 의학적 방법도 도움이 될 수 없었습니다. 이 사모님은 그 시간을 인생에서 가장 외롭고 어두운 시간이라고 회고했습니다. 이런 상황에서 어떻게 돕는 배필의 역할을 할 수 있을까요?

구속사를 이루기 위해 돕는 배필을 주신다

18 여호와 하나님이 이르시되 사람이 혼자 사는 것이 좋지 아니하니 내가 그를 위하여 돕는 배필을 지으리라 하시니라 (창 2:18)

생령이 되어서 구속사의 주인공이 되고, 말씀을 들으며 내 환경에서 지키고 다스려야 하는데 혼자서는 이 일이 얼마나 힘든지 모릅니다. 그래서 우리에게는 지체가 필요합니다. 주님께서도 사람이 혼자 있는 것이 좋지 못함을 아시고 돕는 배필을 만들어 주셨습니다.

창세기에 열 가지 계보가 나오지만 너무나 똑똑한 요셉의 족보가 아니라 "야곱의 족보"라고 표현합니다. 구속사는 잘한 일만 골라서 쓰는 인간의 자서전이 아닙니다. 실패와 수치의 역사를 고스란히 드러내면서 그 가운데 구원을 언급합니다. 그래서 실패와 수치 가운데 함께하며 도울 배필이 절대적으로 필요합니다.

그러면 어떤 배필이 돕는 배필입니까? 하나님께서 우리에게 주신 최초의 명령은 선악과를 먹지 말라는 것이었습니다. 먹으면 "반드시 죽으리라"고 하셨습니다. 그래서 돕는 배필은 선악과를 따 먹지 않게 도와주는 사람, 모든 문제를 구원의 문제로 보도록 도와주는 사람입니다.

구약에 "돕는 배필"이라는 뜻의 히브리어 '에제르'가 36번 나옵니다. 그중 35번은 하나님에 대해 쓰였고, 단 한 번 인간에 대해 쓰인 것이 창세기 2장입니다. 내가 누군가의 구원을 도와주는 일은 그리스도의 심장을 갖지 않고는 불가능합니다. 하나님이 아니면 우리는 바람이 나고 부도를 내는 배우자의 돕는 배필이 될 수 없습니다.

나는 옳고 그름을 따지는 배필입니까, 아니면 구원의 문제로 이야기해 주는 돕는 배필입니까?

사명을 감당할 때 돕는 배필을 주신다

¹⁹ 여호와 하나님이 흙으로 각종 들짐승과 공중의 각종 새를 지으
시고 아담이 무엇이라고 부르나 보시려고 그것들을 그에게로 이
끌어 가시니 아담이 각 생물을 부르는 것이 곧 그 이름이 되었더
라 (창 2:19)

하나님께서 사람에게 자유의지를 주셨기에 돕는 배필의 필요성을
스스로 느끼게 하셨습니다. 그 필요를 느낄 때가 언제입니까? 사명을 감당
할 때입니다. 하나님이 흙으로 각종 들짐승과 새들을 지으시고, 아담에게
이름 짓는 사명을 위임하셨습니다. 히브리어로는 '그가 그것들을 무엇이
라 부르는지 보기 위하여' 이 일을 맡기십니다.

창조 후 타락하기 전의 사람은 하나님의 형상을 고스란히 가진, 직관
과 통찰이 빼어난 존재였습니다. 그래서 이름을 너무나 잘 짓습니다. 생각
만 해 봐도 "악어"는 "악어"가 아닌 다른 이름이 어울렸을 것 같지 않습니
다. 코끼리, 오징어, 백합, 달리아… 정말로 "각 생물을 부르는 것이 곧 그
이름"입니다. 이렇게 아담이 끝내주게 하나님의 사명을 잘 감당했습니다.

우리는 어떻습니까? 하나님이 나에게 맡겨 주신 사역이나 사람에 대
해서 어떻게 이름을 짓고 있는지 생각해 보십시오. 내 관점대로 이름 짓고
있습니까, 아니면 하나님의 시선으로 이름 짓고 있습니까?

이름도 부르기 싫은 사람과 사건이 우리 곁에 있습니다. 그러나 이것
을 거룩한 하나님의 시선으로 바라보아야 합니다. 남편이 바람을 피워도

"내가 남편을 육신의 정욕대로 골랐기에 이 정욕을 무너뜨리시는 사건"으로 이름 짓고, 자식이 가출을 해도 "자식 우상을 폐하시려는 사건"으로 바라보아야 합니다. 우리의 모든 사건에서 구속사적인 이름을 잘 붙이고, 하나님의 시선으로 그 이름을 불러주어야 합니다.

> ²⁰ 아담이 모든 가축과 공중의 새와 들의 모든 짐승에게 이름을
> 주니라 아담이 돕는 배필이 없으므로 ^(창 2:20)

아담이 이름을 지으면서 '짐승도 나도 똑같이 흙으로 지음을 받았는데 그 중에 내 짝이 있겠지' 했을 것입니다. 그러나 짐승은 똑같은 재료로 만들어졌어도 그 속에 하나님의 생기가 없기에 관리의 대상이지 동반자가 아닙니다. 그래서 돕는 배필이 필요함을 알게 되는 것입니다. 사명을 감당하기 전에는 우리가 어디서 짝을 찾아야 할지 분별을 못합니다. 불신 결혼은 결국 생령이 되지 않은 사람과 함께하겠다는 것이기에 짐승 중에서 내 짝을 찾는 것과 마찬가지임을 아시기 바랍니다.

나의 힘든 사건(바람, 부도, 자녀 문제 등)에 그 이름을 어떻게 붙이고 있습니까? 사명을 감당하지 않으면서, 혹은 내 야망으로 일하고 있으면서 왜 돕는 배필이 오지 않느냐고 불평합니까?

구체적인 방법으로 돕는 배필을 주신다

하나님은 돕는 배필을 주실 때 구체적인 방법들을 사용하십니다.
첫째, 세상 조건이 보이지 않게 깊이 잠들게 하십니다.

²¹ 여호와 하나님이 아담을 깊이 잠들게 하시니 잠들매 그가 그
갈빗대 하나를 취하고 살로 대신 채우시고 (창 2:21)

동물의 이름을 지은 것은 '주인'이라는 의미입니다. 자식의 이름을 짓
는 것은 이 아이가 우리 집안 사람이 된다는 의미입니다. 하지만 짝은 하나
님이 이끌어 오시기 전에는 만날 수도 찾을 수도 없습니다. 돕는 배필을 만
나기 위해서는 세상에 대해 깊이 잠들어야 합니다. 세상을 향해 눈을 크게
뜨고 있으면 돕는 배필을 찾을 수가 없습니다. 내 방법으로는 안됩니다.

상류층의 결혼은 그 비용 자체가 어마하다고 합니다. 상위 1퍼센트
계층들의 최고의 희망사항은 같은 상위계층과 혼사를 맺는 것입니다. 예
단에, 골프장 회원권에, 결혼 비용만 수십억이고 밥값만 수억대라고 합니
다. 눈만 뜨면, 인터넷만 열면 이런 정보들이 쏟아져 들어옵니다. 그런데
세상에 대해 잠들기가 쉽겠습니까. 죽어지지 않고는 잠들 수가 없습니다.
육신의 정욕과 이생의 자랑, 안목의 정욕에 다 깊이 잠들어야 합니다.

둘째, 갈빗대를 주고받는 아픔이 있어야 합니다.

²² 여호와 하나님이 아담에게서 취하신 그 갈빗대로 여자를 만드

시고 그를 아담에게로 이끌어 오시니 ^(창 2:22)

하나님이 아담을 흙으로 만드셨지만 여자는 뼈로 만드십니다. 머리나 발을 재료로 취하지 않고 갈빗대로 만드셨습니다. 가슴으로 아파하는 사랑을 하라고, '옆구리'라는 뜻의 갈비뼈를 뽑아 나의 돕는 배필을 만드셨습니다.

창조의 순서는 남자가 먼저지만 재료는 여자가 더 훌륭합니다. 남자는 흙으로 지어졌기에 하나님의 생기가 들어가지 않으면 얼마나 연약하고 부서지기 쉬운지 모릅니다. 말 그대로 짐승입니다. 여자들은 뼈로 지어졌기에 한번 마음이 돌아서면 정말 통뼈입니다. 바람도 여자가 피우는 게 더 무섭습니다. 하지만 남녀의 역할이 다를 뿐이지 우열은 없습니다.

셋째, 돕는 배필은 하나님이 이끌어 오십니다.

²² 여호와 하나님이 아담에게서 취하신 그 갈빗대로 여자를 만드
시고 그를 아담에게로 이끌어 오시니 ^(창 2:22)

인간을 위해 에덴동산을 만드시고, 거할 곳을 정해 주시고, 사명도 주시고 이제 아담에게로 여자를 이끌어 오십니다. 아담이 돕는 배필을 얻기 위해 한 일이 무엇입니까? 아무것도 없습니다. 우리는 그저 하나님 앞에서 바라크의 복, 즉 기도하고 경배하고 찬양하고 있으면 됩니다. 하나님이 한 남자와 한 여자의 결합에 지대하고 세심한 관심을 가지고 이 만남을 준비하시기 때문입니다.

넷째, 돕는 배필을 칭찬하고 격려해 주어야 합니다.

> 23 아담이 이르되 이는 내 뼈 중의 뼈요 살 중의 살이라 이것을 남
> 자에게서 취하였은즉 여자라 부르리라 하니라 (창 2:23)

기도하고 하나님을 찬양하다가 잠들게 하시고, 갈빗대를 취해서 이
끌어 오신 배필은 이렇게 감탄사가 저절로 나오는 대상입니다. 여자들에
게는 매일 "예쁘다, 사랑한다" 칭찬을 해 주어야 합니다. 여자는 칭찬을 통
해 더 기쁘게 남편을 섬기고 가정을 돌봅니다. 남편들은 매일 창조적으로
다르게 바꿔 가면서 칭찬하십시오. "당신은 어쩜 그렇게 발뒤꿈치도 예
뻐?" 이런 말 얼마나 좋습니까. 그러면 당장 다음 식사의 반찬이 달라집니
다. 그런데 남편들은 "그 말을 꼭 해야 아나? 내가 안 좋으면 너랑 살겠냐?"
이럽니다. 오늘부터라도 아내를 칭찬하는 적용을 하십시오.

아내가 이렇게 따뜻한 말, 배려, 경제적 안정 등을 남편에게 원하는
반면 남편은 성적 만족, 아름다운 몸매 등을 원한다고 합니다. 역시 흙으
로 지어져서인지 원하는 것이 주로 이렇습니다. 하지만 다른 것을 인정하
고, 서로에게 맞는 방법으로 칭찬과 격려를 아끼지 마시길 바랍니다.

꼭 내 식구고 가족이라서 "뼈 중의 뼈요 살 중의 살"이라는 것이 아닙
니다. 내가 사명을 감당하면서 처방을 하고 말씀을 나누면 그것을 구속사
의 시선으로 바라보고 순종하는 사람들이 생겨납니다. 그러면 그들을 보

고 감탄이 나오는 것입니다. 저도 이야기를 함께 나누며 적용하는 사람들이 나의 에제르가 되었습니다. 그리고 그분들이 저의 사역에 힘을 주었습니다.

사장이라도, 시부모라도, 남편이라도 사랑하지 않고는 에제르의 관계를 이룰 수 없습니다. 그래서 우리는 갈빗대를 주고받는 아픔이 있어야 합니다. 그렇게 내어놓는 사랑을 할 때 나에게 환난당하고 빚지고 원통한 사람들이 모여 오고, 생명을 걸고 사랑하는 지체가 생겨납니다.

세상의 안목과 정욕으로 하나님의 생기가 없어도 멋있고 괜찮은 배우자를 찾고 있지는 않습니까? 열심히 찾아보려는 분주함을 내려놓고, 바라크의 복을 누리면서 하나님이 이끌어 오시는 배우자를 만나게 해 달라고 기도합시다.

돕는 배필이 되기 위한 결혼의 원리를 보여주신다

²⁴ 이러므로 남자가 부모를 떠나 그 아내와 합하여 둘이 한몸을 이룰지로다 (창 2:24)

돕는 배필이 되기 위한 결혼의 첫 번째 원리는 부모를 떠나는 것입니다. 특별히 "남자가" 부모를 떠나야 합니다. 생명보다 나를 사랑하고 도움을 주는 사람이 바로 부모입니다. 하지만 종족 보존이라는 의미에서 볼

때 아무리 나를 사랑하는 부모라 하더라도 한 방에 있어서는 자녀를 생산할 수 없습니다. 떠나야 합니다.

자식은 오직 부부만이 낳을 수 있습니다. 그래야 종족 번식이 되고 그 안에서 영적인 자손이 생겨납니다. 영적 자손을 출산하기 위해 육적으로, 경제적으로 다 부모를 떠나야 합니다. 떠난다는 것은 원래 속했던 집단과 관계를 청산한다는 의미입니다. 내가 평생 살아온 것을 떠나기가 너무나 어렵지만, 반드시 부모로부터 인격적으로 독립된 존재가 되어야 합니다.

결혼의 두 번째 원리는 연합입니다. 아교풀로 붙이듯이 딱 붙어 연합해야 하는데, 이것은 나의 반을 버리고 상대방의 반을 붙이는 고통이 따릅니다. 생살을 잘라 내는 아픔과 새로운 것이 이식되는 아픔이 동반합니다. 그러니 한 번에 연합되기가 얼마나 어렵겠습니까. 하지만 이 과정을 거쳐야 진정한 결혼의 원리를 이룰 수 있습니다.

결혼의 세 번째 원리는 둘이 한몸을 이루는 것입니다. 결혼은 서로 상대에게 속해서 하나가 되는 것입니다. 성행위를 말하는 구약의 히브리어 표현 '야다'는 '알다'라는 의미입니다. 성의 결합을 통해 우리는 서로를 인격적으로 깊이 알게 됩니다. 성이 육체적인 것뿐만 아니라 영적인 요소를 가지고 있기 때문입니다. 두 몸과 영혼이 하나가 되는 것이 성관계이고 이것은 결혼 관계 안에서만 가능합니다.

쾌락만을 갈구하는 성은 이기적인 것이고 하나님의 창조 목적에 위배됩니다. 내가 정말 한 사람의 돕는 배필이라면, 결혼 전까지 순결을 지켜 주어야 합니다. 인내 없이는 사랑을 할 수 없는데 그것도 인내하지 못하면서 무슨 사랑을 하겠다고 합니까. 혼전순결은 결코 함부로 여겨져서는 안 됩니다.

결혼의 네 번째 원리는 부끄러움이 없는 것입니다.

> 25 아담과 그의 아내 두 사람이 벌거벗었으나 부끄러워하지 아니
> 하니라 (창 2:25)

서로 진정한 관계가 되면 벌거벗어도 부끄러워하지 않게 됩니다. 가난하고 병든 것이 부끄러운 것이 아니라 우리의 죄성이 부끄러운 것입니다. 갑옷을 입고 투구를 쓴 상태로 침상에 눕는 사람은 없습니다. 아파서 가까이 다가가지도 못합니다. 벌거벗고 만나는, 인격의 가면을 벗고 만나는 돕는 배필들이 되시기 바랍니다.

모든 집에 사건이 있고 어려움이 있는데 다 숨기고 결혼합니다. 25절의 '부끄러워한다'는 표현은 예상치 못한 재난을 당해서 낙담한다는 뜻을 가지고 있습니다. 덮고 포장해서 결혼했는데 드러나게 되면 예상치 못한 재난을 당한 것처럼 너무나 낙담합니다. 부모를 떠나며 연합하고, 한몸이 되면 부끄러울 것이 없는데 세상을 향해서 눈을 크게 뜨고 찾았기에 부끄러운 일을 당합니다. 그래서 우리는 돕는 배필의 원리에 따라 결혼하고, 또 이런 배필이 되어 주어야 합니다.

서두에 언급한 목사님의 이야기를 조금 더 나누겠습니다. 사모님의 이름은 넬, 목사님의 이름은 마크입니다. 작은 마을이었기에 목사님의 추

문은 일파만파로 퍼져나갔고 목사님 부부는 당황과 수치감 속에 고립되었습니다. 15년 동안 아름답게 살았지만 사모님은 알 수 없는 외로움을 느껴왔습니다. 행복해지면 친밀해질 거라는 생각으로 살아왔는데, 아이러니하게도 이들의 망가진 관계에서 친밀함이 생겨나기 시작했습니다. 남성과 여성, 부부의 그룹에 속해서 심층 치료를 받으면서 이 사모님의 마음에는 실망과 좌절이 가득했지만 자신이 살아 있음을 느낄 수 있었습니다. 자신에게 돕는 지체가 없었음을 알고 지지그룹을 만드는 법을 배웠고, 그 속에서 슬픔과 분노를 다루는 법을 배웠습니다.

그러면서 이제는 다른 곳으로 이주해서 새로운 사역을 하려는 계획을 세웠습니다. 그런데 어느 날 갑자기 현관의 벨이 울렸고, 들이닥친 경찰은 남편의 성도착증과 관련된 소송 사건의 서류를 제시했습니다. 그날 문제된 소송을 끝내기도 전에 세 가지의 민사 소송건이 또 제기되었습니다. 사모님은 그 소송들이 진행되는 동안 분노와 절망 사이를 하루에도 몇 번씩이나 오가면서 절대로 멈추지 않는 롤러코스터를 타고 있는 느낌을 받았습니다.

그런 상황의 사모님에게 하나님께서는 남편과 아내가 동시에 다 강할 필요는 없다고 알려 주셨습니다. 둘 중 한 사람만이라도 격려해 주고 이끌어 줄 수 있으면 된다는 것을 알았습니다. 한 사람이 비틀거릴 때 다른 한 사람이 도와주기 위해서 결혼한 것임을 알게 하셨습니다. 바람을 피운다고 남들이 손가락질할 때 남은 한 사람이 도와줘야 합니다. 도박을 한다고 모든 가족이 욕할 때 나머지 한 사람이 도와줘야 합니다.

결국 이 사모님에게 심경의 변화가 일어났습니다. 우선 결혼을 유지

하기로 결정했습니다. 둘 다 죄를 짓고 서로에게 상처를 준 것이지 옳고 그름을 따질 필요가 없기 때문입니다. 또한 성도착증이 부부 문제의 근본적인 원인이 아니라는 것을 깨달았습니다. 두 사람 다 결혼 생활에서 거리감을 조성한 책임이 있고, 그 속의 염증 중 하나가 성도착의 형태로 나났을 뿐임을 이해했습니다. 성적인 죄를 저지르지 않은 순간에도 남편의 마음속에는 그 욕구가 남아 있었습니다. 하지만 아내는 고독을 즐기면서 남편을 철저히 소외시키는 수동적인 공격으로 행동했습니다. 아이들에게 사랑을 쏟아붓고, 끝없이 집안일을 하고 사회적으로 칭찬받을 만한 행동들을 하면서 남편을 비난했습니다. 둘 사이에는 교감이 없었고 비슷한 악순환이 늘 반복된 것을 깨달았습니다. 그제야 변화가 시작되었습니다.

수치, 상실, 절망, 혼란으로 가득한 이 감정을 너무나 설명하기 어려웠지만, 이것을 경험하고 나서야 인생이 무엇인지를 발견했다고 사모님이 고백합니다. '예수님이 모든 고통을 경험하셨듯이 나의 고통이 모든 인류의 고통이고, 이것이 하나님과 다른 사람에게 나아가는 통로가 된다'는 것을 알았습니다. 행복하고 평범하게 살고자 했던 그녀의 꿈은 좌절되었지만 그녀는 하나님이 자신의 공급자이심을 알게 되었으며, 충만케 하실 수 있다는 것을 알게 되었습니다. 그리고 지금 이 부부는 성적 순결에 관한 상담 사역을 하며 많은 사람들을 돕고 있습니다.

예수님을 믿는다고 폭력을 행사하고, 사업을 말아먹고 바람이 나고 술에 취한 배필이 있습니다. 그들을 어떻게 도울 수가 있겠습니까. 별 인생이 없습니다. 고난이 축복의 통로인 것은 나의 고통을 내어놓을 때 그것이 인류의 고통이 되기 때문입니다. 그래서 우리는 어떤 사람에게도 돕는 배필이 될 수 있습니다. 나의 고통을 내어놓음으로써 내 옆의 사람, 더 많은 사람들을 돕고 살릴 수 있습니다.

배우자의 수치를 어떻게 대합니까? 돕는 배필로서 정죄하지 않고 내가 강한 자가 되어 연약한 배우자를 일으키기로 결단합니까?

말씀으로
기도하기

나의 상처와 고난을 통해 힘든 사람들을 돕고 살리는 것이 나에게 허락하신 구속사입니다. 그 구속사를 이루기 위해 돕는 배필을 주시고 돕는 배필이 되게 하십니다.

구속사를 이루기 위해 돕는 배필을 주십니다.(창 2:18)

구속사의 주인공인 인간이 혼자 사는 것을 기뻐하지 않으시고 돕는 배필, 즉 '에제르'를 지으리라 하십니다. 내가 아닌 하나님이 주체가 되셔서 돕는 배필을 얻게 하시고, 나도 돕는 배필이 되게 하옵소서.

사명을 감당할 때 돕는 배필을 주십니다.(창 2:19-20)

아담이 들짐승과 새의 이름을 짓는 사명을 감당할 때 돕는 배필의 필요를 느끼게 됩니다. 나의 사명을 잘 감당하게 하시고 돕는 배필로서 잘 분별하게 하옵소서.

구체적인 방법으로 돕는 배필을 주십니다.(창 2:21-23)

돕는 배필을 주시기 위해 세상에 대해 깊이 잠들게 하시고, 갈빗대를 주는 아픔이 있습니다. 돕는 배필을 얻기 위해 내 정욕과 자랑을 내려놓고 세상적인 조건에 대해 잠들게 하옵소서.

돕는 배필이 되기 위한 결혼의 원리를 보여주십니다.(창 2:24-25)

돕는 배필이 되기 위해 부모를 떠나야 합니다. 영적 자녀를 생산하기 위해 부모를 떠나 인격적으로 독립된 존재가 되어야 합니다. 배우자에게 죄와 연약함의 문제가 있어도, 내가 돕는 배필이 되어 격려하고 이끌어 주며 한몸으로 연합하게 하옵소서.

우리들
묵상과 적용

첫남편과 3년 만에 이혼하고 혼자서 딸아이를 키우는 일이 힘들고 외로울 때 유치원생 아들과 갓 돌 지난 딸이 있는 지금의 남편을 만나 재혼했습니다. 그러나 상처로 만난 두 가정의 하나 됨은 결코 순탄치 못했습니다. 재혼 가정임을 철저하게 숨기며 나도 속고 남도 속이며 살았습니다.

그러던 중 14년 만에 남편의 바람 사건으로 죽을 것 같은 고난이 시작되었습니다. 남편의 외도를 알게 되니 더 깊은 상처와 두려움에 힘들었습니다. 10년 넘게 교회를 다녔으나 기복신앙이었기에 사건이 해석되지 않아 하나님을 원망하고 있을 때, 우리들교회를 알게 되었습니다. "이혼은 절대 해선 안 된다, 자녀에게 깨끗한 호적을 남겨주는 것이 최고의 유산이다"라는 말씀을 들으며 가정 중수의 중요성을 깨달았습니다. 그러던 중 설마 했던 이혼 고소장이 법원으로부터 날아왔고 '내가 제 새끼를 둘씩이나 키워줬는데 이제 와서 원수로 갚아?' 하는 분함과 억울함이 올라왔습니다. 그러나 "전남편의 딸은 미국에서 유학하게 하고 내 자녀들은 학원은커녕 먹을 것과 입을 것에서도 차별 대우했다"는 고소장 내용이 하나님의 음성으로 들리며 제 잘못이 인정되었습니다. 남편과 아이들을 무시하며 살았던 지난날이 생각나면서 제가 죄인임이 깨달아져 회개의 눈물이 흘렀습니다. 그렇게 이혼을 당한 후 2년 정도 되었을 때 남편으로부터 "내연녀의 식당 일을 도와주라"는 전화를 받았습니다. 순간 갈등했지만, 남편의 구원을 위해 십자가 지는 적용으로 식당을 찾아갔습니다. 그리고 놀란 내연녀에게 문전박대를 당하고 결국 울면서 집으로 돌아왔습니다. 그러나 이 일은 하나님이 저를 긍휼함으로 돌보시는 사건이 되었고, 남편의 마음이 움직여 재결합하게 되었습니다.

내 삶의 결론으로 붙여주신 '계모'라는 이름을 인정하지 못하고 돕는 배필의 역할과 창조 질서에 순종하지 못한 죄를, 하나님은 남편의 바람 사건으로 물으셨습니다. 그러나 무너졌던 가족이 말씀 안에서 살아나게 하시고 둘이 다시 한몸을 이루는 부부가 되게 하시니 감사합니다.

기도

하나님 아버지, 돕는 배필이 되어야 하고, 또 돕는 배필이 필요합니다. 그런데 날마다 나에게 맞는 배필, 내가 바라는 배필에 목이 말라서 견딜 수가 없습니다. 사명을 감당할 때 돕는 배필을 주신다고 하는데, 아직도 내 야망을 위해 세상에 눈을 크게 뜨고 있어서 돕는 배필이 오지 못합니다. 내 갈빗대를 주고받는 아픔이 무엇인지를 모릅니다. 생령이 된 사람을 찾기보다는 이 세상에서 아름다운, 생기가 없는 배필을 구하느라고 인생과 감정, 시간을 탕진하고 낭비합니다.

내가 예수님을 믿는다고 죽이려 하고, 폭력을 휘두르고, 사업을 말아먹고, 바람을 피우는 배필이 있습니다. 그러나 주님은 별 인생이 없기에 내 고통이 인류의 고통이라고 하십니다. 결혼을 해서 수치와 상실, 절망과 혼란과 연민을 다 겪었다면 이제 그 고통이 다른 사람을 향해 나아가는 통로가 되기를 원합니다.

내가 나의 배필 때문에 힘들어도 그 힘든 사람 때문에 말씀을 깨닫고 하나님 나라가 열린다면 그도 반드시 구원될 것입니다. 사건을 통해서 말씀이 깨달아지고, 나의 고통이 다른 사람을 살리는 고통이 될 때에 가장 탁월한 에제르가 될 것을 믿습니다. 그러기 위해 인격에 순종하는 것이 아니라 역할에 순종하며 가정을 잘 중수하는 우리가 되도록 은혜 내려 주시옵소서. 예수님의 이름으로 기도합니다. 아멘.

하나님 아버지,
내 욕심을 채워 주는 것에
끌리는 마음이 있습니다.
타락의 정체를 분명히 알아
주님의 뜻을 분별하게 하옵소서.

타락은 달콤하게 다가온다

창세기 3:1-8

C.S. 루이스의《네 가지 사랑》에는 에로스적 사랑에 대한 견해들이 나옵니다. 사람들은 에로스의 영적 위험을 육적인 요소로 생각한다고 합니다. 그래서 남녀의 사랑 속에서 정욕이 최대한으로 축소될 때 그 사랑을 가장 고상하고 아름다운 것이라고 여깁니다. 과거의 윤리 신학자들도 비슷한 생각을 가졌습니다. 하지만 C.S. 루이스는 이것이 성경적 접근이 아니라고 말합니다.

사도 바울이 고린도전서 7장에서 염려했던 것 역시 부부 사이의 침방 문제가 아니라 배우자에 대한 지나친 몰두였습니다. 미혼과 기혼을 막론하고, 신앙생활에 가장 큰 방해요소는 결국 사소하고 시시하기 그지없는 것에 대한 염려입니다. 당장 해야 할 일에 대한 사소한 염려와 결정으로 마음이 어지러운 상황이 어떤 격정이나 욕망보다도 우리의 신앙생활을 방해합니다. 다시 말해, 결혼 생활에 따르는 가장 큰 유혹은 육욕이 아니라 탐욕입니다.

에로스적인 사랑으로 행복할 수 없다는 데에는 의문의 여지가 없습니다. 그런데 에로스적 사랑은 평생 짊어지고 가야 할 불명예, 가난, 유랑 생활 등 어려운 상황 속에서도 "함께라면 어떤 고통이라도 이겨낸다"고 외칩니다. 어쩌면 하나님의 사랑과 가까운 고귀한 사랑처럼 보입니다. 하지만 하나님 없이 희생하고 헌신하는 것이야말로 가장 무서운 타락입니다. 회개할 필요성을 느끼지 못하기에 더 무서운 타락입니다. 우리는 육적·정신적·영적 타락을 나누어 보아서는 안 됩니다. 모두가 같은 타락입니다.

사탄의 유혹으로 타락이 일어난다

¹ 그런데 뱀은 여호와 하나님이 지으신 들짐승 중에 가장 간교하니라 뱀이 여자에게 물어 이르되 하나님이 참으로 너희에게 동산 모든 나무의 열매를 먹지 말라 하시더냐 (창 3:1)

사탄은 존재합니다. 영계에서 천사의 타락이 먼저 일어났기에 지금 사탄이 뱀의 모습으로 여자에게 접근했습니다. 천사장이었던 루시퍼가 자신을 하나님과 동등하게 여기다가 하늘에서 쫓겨났습니다. 사탄은 인간이 하나님과 연합하여 사는 것을 질투합니다. 그래서 사람에게도 하나님과 같이 되려는 마음을 심어 주는 것이 사탄의 소원입니다.

사탄이 어떻게 유혹합니까?

사탄은 정체를 드러내지 않습니다. 징그럽고 뿔이 달린 모습으로 오지 않고 광명한 천사처럼, 인간과도 말이 통하는 뱀의 모습으로 다가옵니다. 그래서 비밀이 많고 투명하지 않고 모든 것이 베일에 싸인 사람은 경계해야 합니다.

또한 사탄은 간교함으로 옵니다. '벌거벗었다', '지혜롭다', '슬기롭다', '영리하다' 모두 이 '간교하다'와 같은 뜻입니다. 지혜로운 모습으로 간교하게 다가오면 무지한 사람들은 분별이 안 됩니다. 하나님이 지으신 것이 모두 보시기에 좋았고 선하지 않은 것이 없는데, 뱀이 인간과 말이 통할 정도로 영리하고 지혜로우니 간교해지기 쉽습니다. 결국 사탄의 통로가 되는 것입니다.

또한 사탄은 약점을 공격합니다. 뱀은 먼저 여자에게 다가갔습니다. 약점이 많으면 사탄에게 무너지기가 쉽습니다. 뱀이 여자보다 열등한데도 여자가 뱀에게 유혹을 당합니다. 뱀이 아무리 예쁘고 멋있어 보여도 생기가 안 들어간 짐승에 불과합니다. 이것을 분별하지 못하는 여자의 약점을 알고 뱀이 교묘하게 접근해 오는 것입니다.

간교하게 약점을 공격하는 사탄에게 무너지지 않기 위해 예수 믿는 자로서의 자존감을 가지고 있습니까? 나의 모습과 다른 사람의 모습을 잘 분별하고 유혹에서 승리할 수 있게 해 달라고 기도합시다.

사탄은 점진적으로 말씀을 훼방한다

사탄은 먼저 의심을 불러일으키는 간교한 질문을 던집니다. 그러면서 자존심을 살살 긁습니다. 1절에서 뱀이 어떻게 물어봅니까? "하나님이 참으로 너희에게 동산 모든 나무의 열매를 먹지 말라 하시더냐?" 합니다.

자세히 보시기 바랍니다. 하나님은 창세기 2장에서 구속사를 이루어 가시는 언약의 하나님, "여호와 하나님"으로 자신을 드러내셨습니다. 그런데 뱀은 "여호와 하나님"에서 "여호와"를 교묘하게 빼버렸습니다. 하나님을 다신론의 하나님으로 격하시키고, 여자로 하여금 자신이 언약의 주인공임을 잊어버리게 만들었습니다.

또한 하나님께서는 "동산 각종 나무의 열매는 네가 임의로 먹되"(창 2:16)라고 말씀하셨는데, 사탄은 "동산 모든 나무의 열매를 먹지 말라 하시더냐?" 하면서 왜곡합니다. '네가 이 에덴을 다스리는 주인인데 다 못 먹는다고? 너희를 뭘로 보고……' 이런 식으로 자존심을 건드립니다. 우리 표현으로 하자면 '시댁이 그렇게 부자인데 아직도 집을 안 얻어 줘?', '회사에서 너를 그렇게 믿는다면서 아직 부장도 못 됐어?' 이렇게 위해 주는 척하면서 자존심을 건드립니다.

아마도 여자의 마음속에 선악과를 먹고자 하는 강한 열망이 있었을 것입니다. 그런데 그 마음을 뱀이 딱 건드려 주니 이렇게 넘어갑니다. 하나님께서 "반드시 죽으리라" 하셔서 내가 못 먹고 있는데 사탄이 내 편을 들어주니 전염이 되어 버립니다.

여자의 대답은 어떻습니까?

² 여자가 뱀에게 말하되 동산 나무의 열매를 우리가 먹을 수 있으나
³ 동산 중앙에 있는 나무의 열매는 하나님의 말씀에 너희는 먹지도
말고 만지지도 말라 너희가 죽을까 하노라 하셨느니라 (창 3:2-3)

"각종"이라는 말을 빼버리면서 하나님께서 주신 것들의 범위를 축소
시킵니다. '여호와 하나님'도 그냥 '하나님'이라고 합니다. "먹지 말라"를
"먹지도 만지지도 말라"로, 하나님의 명령을 과중한 것으로 왜곡합니다.
또한 "반드시 죽으리라"를 "죽을까 하노라"로, 자신이 그 말씀을 어겼을 때
의 벌을 약화시킵니다. 에덴에서 잘 먹고 잘살고 있었기에 하나님의 말씀
을 절대적으로 여기지 않고 가감했습니다.

결국 사탄은 대화에 성공했습니다. 여자의 최고 관심사인 선악과 먹
는 주제를 건드려 주니 여자가 사탄의 밥이 되기 시작합니다. 그래서 누구
와 대화하는지가 얼마나 중요한지 모릅니다. 사탄과 대화하는 것 자체가
인생이 망하는 길입니다. 사탄은 곧 하나님과의 관계를 이간질하고 말씀
을 의심하게 만들기 때문입니다.

이단에 속한 사람은 한두 번 훈계하고 그 후에는 멀리하라고 했는데
(딛 3:10) 내가 고쳐보겠다고 하는 것은 교만입니다. 이단에도 기운이 있어
서 금세 끌려갑니다.

여자는 이미 하나님에 대해 불만을 가지고 있었습니다. 그런데 그 마
음에 사탄이 딱 도장을 찍어 줬습니다. 그러니 온 귀를 열고 사탄의 말을
경청합니다. 이단에 가는 사람들도 남이 끌고 가서 가는 게 아니라, 자기
욕심에 끌려 미혹되는 것입니다.

미국의 사회 심리학자인 엘리어트 애런슨은 《거짓말의 진화》에서 이렇게 말합니다. 자기 이야기를 할 때 사람들은 유리한 내용은 덧붙이고 불리한 내용은 빼곤 한답니다. 그러다 보면 결국에는 자신이 손질한 이야기가 사실이 된다는 것입니다. "아버지에게 어려서부터 매를 맞았고, 그래서 지금도 화가 나 있다"라고는 진술하지만, "내가 얼마나 참을성이 없고 아버지 말에 귀를 기울이지 않았으면 아버지가 나를 때렸을까" 하는 말은 절대로 하지 않는다고 합니다. 그래서 기억이 이야기를 만들기도 하지만, 반대로 이야기가 기억을 만들어 내기도 합니다.

우리는 피해자의 이야기에 관심을 많이 갖습니다. 한때 '내적 치유'가 선풍적인 인기를 끌었습니다. 과거의 누구, 어떤 상처 때문에 내가 현재 이렇다고 하는 진술들이 많은데, 여기에는 숨겨진 위험도 있습니다.

우울증과 폭식증을 앓던 폴리 라모나라는 사람이 있었습니다. 심리치료사는 그녀의 질병이 어려서 성폭행을 당했기 때문이라고 결론을 내렸습니다. 하지만 폴리는 그런 일은 없다고 부인했습니다. 결국 이 심리치료사는 의사를 동원하고 최면술까지 사용하여 어린 시절 아버지에게 반복적으로 성폭행 당한 일을 떠올리게 만들었습니다. 이에 격분한 아버지가 심리치료사와 의사를 고소했습니다. 결과는 아버지는 무죄 판정, 심리치료사와 의사는 유죄 판정을 받았습니다.

자신이 비참한 경험을 했다고 주장을 하는 뒤에는 "나는 사실 똑똑하고 능력이 있는데 내 환경 때문에 지금 이 모습이 되었다"고 말하고 싶어 하는 마음이 숨어 있습니다. 내가 내 사건 속에서 주님을 만나야 하는데, 옳고 그름을 따지며 선악의 문제만 관심을 두기 때문에 원망이 나옵니다. 상대를 탓하고 나 자신을 정당화하려니 사실을 왜곡하고 기억을 가감하는 것입니다.

～～

내 욕심에 도장 찍어 주는 말이 사탄의 유혹임을 깨달을 수 있게 해 달라고 기도합시다. "내가 그때 그런 사건을 당했기에 지금 이 모양이다"라면서 신세 한탄을 하고 있습니까? 선악이 아닌 구원의 관점으로 정확한 분별을 하고 있습니까?

사탄의 정면 도전에 넘어짐으로 타락하게 된다

4 뱀이 여자에게 이르되 너희가 결코 죽지 아니하리라 5 너희가
그것을 먹는 날에는 너희 눈이 밝아져 하나님과 같이 되어 선악
을 알 줄 하나님이 아심이니라 (창 3:4-5)

뱀이 "너희가 결코 죽지 아니하리라" 하며 하나님 말씀에 정면으로 도전합니다. 그리고 "하나님과 같이" 될 수 있다고 합니다.

사탄은 하나님과 어깨를 겨누려다가 쫓겨났습니다. 인간에게도 그런 쫓겨남을 맛보게 하는 것이 사탄의 목적이었습니다. 그래서 이간질을 하고, 시기와 질투를 부추깁니다. 그러면서 선악과를 따 먹으면 뭐든지 잘될 것이라고 호언장담합니다.

이걸 어떻게 적용할 수 있겠습니까. 이혼을 결심했습니다. 불신결혼

인데 너무 하고 싶습니다. 뇌물을 써서라도 자녀를 좋은 학교에 보내고 싶습니다. 이런 상황에서 "결코 죽지 않을 거야"라면서 남의 일생을 망칠 거짓말을 하는 겁니다. "지금 이혼해도 시집갈 수 있어", "하나님이나 돈이나, God이나 Gold나 멀리서 보면 다 똑같은 거 아니니? 그 사람이랑 결혼해서 돈 가지고 구제하고 선교하면 되지" 합니다. 걱정 말라고, 다 잘될 거라고 합니다. 이렇게 말하니 하와가 "아멘, 아멘" 합니다. 그동안 심신이 눌리고 피곤했는데 '이게 굿 뉴스(Good news)다' 하면서 좋아합니다.

타락의 선택은 결국 내가 하는 것이다

> [6] 여자가 그 나무를 본즉 먹음직도 하고 보암직도 하고 지혜롭게 할 만큼 탐스럽기도 한 나무인지라 여자가 그 열매를 따 먹고 자기와 함께 있는 남편에게도 주매 그도 먹은지라 (창 3:6)

인간에게 자유의지를 주셨고 여자는 결국 선악과를 따 먹기로 했습니다. '죽기야 하겠어? 한번 먹어 보고 죽지 뭐', '이혼해 보고 죽지 뭐', '부자로 한번 살아 보고 죽지 뭐' 하는 것입니다. 악은 모든 모양이라도 버려야 하는데(살전 5:22) 뱀에게 은혜받고 감동 감화를 받아서 선악과를 보러 갔습니다.

보는 것이 얼마나 중요한지 모릅니다. 보았더니 "반드시 죽으리라"는 하나님 말씀이 생각이 안 납니다. 결코 죽지 않으리라는 뱀의 말을 들고 보니 먹음직도 하고 보암직도 합니다. 지혜롭게 할 만큼 탐스럽기도 합니다. 완전히 넘어갔습니다. 여자가 욕심이 발동해서 선악과를 따 먹고, 자기와 함께한 남편에게도 주었습니다.

제가 대학 졸업 후 처음 선을 봐서 만난 남편은 모든 조건이 완벽했습니다. 장로 집안에 부잣집 아들이고 직업은 의사였습니다. 부모님의 고향도 같은 이북이었습니다. 나이 차이가 많이 나고 당시 결혼 생각도 없어 망설였지만, 모두가 "밑져야 본전이다, 한번 나가 봐라" 했습니다. 그래서 선을 보러 갔는데, 남편이 기사가 딸린 차를 몰고 나왔습니다.

저는 가난한 대학생으로 아르바이트를 하면서 생활비와 학비를 버는데 기사 딸린 차를 끌고 나온 남편을 보니 마음이 혹했습니다. 마지못한 척 이 결혼을 하고 싶은 마음이 들었습니다. 병원은 시댁에서 차려 준다 하고, 나를 사랑한다고 하고, 평생 내 눈에 눈물 흘리지 않게 해 주겠다고 했습니다. 나중에 걸레질만 하고 살면서 남편에게 그때 그런 약속을 하지 않았냐고 따졌더니 남편은 "그걸 믿었냐" 했습니다. 보암직한 조건에 혹해서 제가 선택한 결혼이니 남편을 탓할 일이 아니었습니다.

하와가 아담에게 선악과를 주자 그가 바로 먹었습니다. 여자가 얼마나 중요한지 모릅니다. 한 집안에 아내와 엄마가 잘 서 있으면 온 가족의 믿음을 살립니다. 반면 아내이자 엄마인 여자가 믿음이 없으면 그 가정이 무너집니다. 엄마가 믿음으로 양육하지 않으니 자녀도 믿을 수가 없고 가정 전체가 구원과 멀어지는 겁니다.

하지만 배필을 탓할 수 없습니다. 그 집의 중심, 세대주가 책임져야 하기에 죄의 책임에서 아담이 벗어날 수 없습니다.

> ⁷ 이에 그들의 눈이 밝아져 자기들이 벗은 줄을 알고 무화과나무
> 잎을 엮어 치마로 삼았더라 (창 3:7)

눈이 열렸는데, 좋은 것만 보이고 신세계가 열려야 하는데 웬일입니까. 선을 보는 눈은 약화되고 죄악을 행할 능력만 들어와서 이들에게 죄의식이 들어옵니다. 그동안에는 벗은 것이 부끄럽지 않았는데, 너무 수치스럽기 시작합니다. 저 역시 대단해 보이는 결혼을 했는데, 제가 생각했던 결혼 생활과 너무 달랐습니다. 그래서 다른 사람에게 말도 하기 싫고 나가기도 싫었습니다. 하지만 어떻게든 위장하고 싶어서 약속이 있으면 기사 딸린 차를 타고 나갔습니다. "내가 돈 보고 결혼했구나"라는 죄책감으로 수치스러워서 무화과 잎 같은 위장을 하며 살았습니다.

> ⁸ 그들이 그날 바람이 불 때 동산에 거니시는 여호와 하나님의 소
> 리를 듣고 아담과 그의 아내가 여호와 하나님의 낯을 피하여 동
> 산 나무 사이에 숨은지라 (창 3:8)

그러나 내가 아무리 위장을 하고 살아도 "그날 바람이 불 때"가 찾아옵니다. 초라한 무화과 잎 뒤에 숨어 있는 나에게 여호와 하나님의 소리가 들리게 됩니다.

제가 그렇게 교회도 싫고 집도 싫고 살기도 싫었을 때, 제가 하나님께서 지으신 사람이기에 저에게 찾아오시고 음성을 들려주셨습니다. 아무리 형편없고 죄에 빠져 생활했을지라도 동산 나무 사이에 부끄러움으로 숨은 나를 주님이 말씀으로 불러 주십니다. 그날 바람이 불 때 더 깊은 곳으로 숨지 말고 하나님의 소리에 반응해야 합니다. 하나님은 내가 티끌이고 먼지에 불과한 것을 아는 사람, 술을 먹고 담배를 피워도 내가 죄인인 것을 알고 가는 사람을 부르십니다.

우리들교회가 발간하는 큐티책에 한 목자님이 이런 나눔을 실었습니다.

인간은 본래 악하고 음란하다는 것을 확실히 깨우치는 사건이 생겼습니다. 2년 전까지 가끔 만나 식사하고 술잔까지만 부딪치다가 연락을 끊고 기억을 지웠던 이성에게서 지난 주 연락이 온 것입니다. 그리고 무심결에 내가 먼저 식사 제안을 했습니다. 내 안에 2년 전과 똑같이 이성과 시간을 보낸다는 흥분과 그 너머의 음란한 끝을 은밀히 기대하는 마음속의 간음이 있음을 보았습니다. 부적절한 관계가 꿈꾸는 결말은 사랑 없는 성관계일진데, 그때도 그랬던 것처럼 겉도는 이야기만 하면서 탐색만 할 것이고 빛과 어둠의 생각으로 갈등할 것이 분명했습니다.

결국 그날로 아내에게 소상히 밝혀 질책 받고 목자모임에서 오픈하여 욕망을 경계 받았습니다. 목장에서는 "아니, 목자가 어떻게 그런 악한 생각을!"이라며 꾸짖어 내 음란의 힘을 잃게 하였습니다. 그러자 감사하게도 그 흥분의 기대가 포기되고 아무 일도 없었던 듯이 요동함이 사라졌습니다.

사탄의 유혹을 피해 가는 비결이 여기 있습니다. 공동체에서 검증받고 나눔을 하면서 내가 먹은 선악과는 무엇인지, 내가 먹지 말아야 할 선악과가 무엇인지 깨달아야 합니다.

욕심이 잉태해서 죄를 낳고, 죄가 장성해서 사망을 낳습니다(약 1:15). 우리는 달궈진 화덕(호 7:4)과 같습니다. 환경이 되면 안 넘어갈 사람이 없기에 "그까짓 것" 하면서 우습게 여기지 말고 그 환경에서 벗어나는 적용을 하기 바랍니다. 유혹에 빠지지 않기 위해서 직장을 옮기고 이사를 하는 구체적인 적용이 있어야 합니다. 만나서는 안 될 사람을 만나고 관계를 맺으면서 내가 숭고하고 이타적인 사랑을 하고 있다고 자부합니까? 하나님이 그 가운데 계시지 않는다면 고귀한 타락에 불과합니다. 타락은 언제나 내 앞에 입을 벌리고 있습니다. 날마다 말씀을 보고 들으며 구체적인 적용과 공동체의 나눔으로 사탄의 유혹을 물리치기를 예수님의 이름으로 축원합니다.

말씀으로
기도하기

사탄은 정체를 드러내지 않고, 간교하게 점진적으로 말씀을 훼방하
고 거짓말을 합니다.

사탄의 유혹으로 타락이 일어납니다.(창 3:1)

하나님과 자신을 동등하게 여기다 쫓겨난 사탄이 뱀의 모습으로 여
자에게 접근합니다. 간교한 지혜로 사람의 약점을 찾아서 공격하는 사탄
의 유혹을 분별하게 하옵소서.

사탄은 점진적으로 말씀을 훼방합니다.(창 3:2-3)

사탄은 하나님의 말씀에 의심을 불러일으키는 간교한 질문을 합니
다. 여자도 사탄을 좇아 말씀을 왜곡합니다. 내 욕심을 정당화하기 위해
말씀을 왜곡하고 자기 이야기를 왜곡하는 죄를 두렵고 떨림으로 회개합
니다.

사탄의 정면 도전에 넘어짐으로 타락하게 됩니다.(창 3:4-5)

사탄은 '너희가 결코 죽지 아니하리라'고 함으로써 '반드시 죽으리라' 하신 하나님의 말씀에 정면으로 도전합니다. 하나님을 거역해도 잘살 수 있다, 결코 죽지 아니하리라 하며 타락을 조장하는 거짓말에 넘어가지 않게 하옵소서.

타락의 선택은 결국 내가 하는 것입니다.(창 3:6-8)

죄는 함께 짓는 속성이 있어 여자가 남편에게 선악과를 주었고, 죄의 신속성에 의해 아담도 금세 먹었습니다. 그러자 선은 약화되고 악은 부각되면서 죄의식으로 부끄러워하고 무화과 잎으로 감추려 합니다. 그럼에도 하나님의 형상대로 지으신 사람이기에 찾아오시고 음성을 들려주시는 하나님의 사랑에 감사하며, 오늘 내가 먹지 말아야 할 선악과는 무엇인지 적용하고 실천하게 하옵소서.

우리들
묵상과 적용

　돈이 우상이었던 저는 맞벌이가 가능하고 집이 서울인 믿는 자매를 만나기를 기도했습니다. 맞벌이를 하려면 애를 키워 줄 장모님이 근거리에 계셔야 한다고 생각했기 때문입니다. 그렇게 집이 서울이 아닌 것 빼고는 모든 것을 갖춘 아내를 교회에서 만났습니다. 캐나다에서 공부하고, 저보다 능력이 있어 돈도 많이 벌고, 집도 부유한 아내와 살면 행복한 가정을 이룰 수 있을 줄로만 알았습니다. 그런데 아내는 아들을 낳고 영어 강사직을 내려놓더니 오직 아이를 상위 1퍼센트로 키우겠다며 열심을 냈습니다.

　아내는 매일 밤을 새워 아들에게 책을 읽어 주었고, 5천여 권의 책값으로 수천만 원을 지불했습니다. 그래서 책 구입을 말리는 저와 늘 싸웠고, 거실 바닥은 늘 발 디딜 틈 없이 온통 책으로 덮여 있었습니다. 결혼해서 그때까지 아내는 세탁기 세제가 무엇인지도 몰랐고, 저는 퇴근 후 집안 정리와 배냇저고리를 손빨래하는 가정부의 역할로 점점 지쳐갔습니다.

저도 어릴 적 무능한 아버지 때문에 고생한 기억들로 인해 대기업에 다니면서도 돈벌이에 혈안이 되어 갔습니다. 급기야 술집 아가씨의 코피가 제 속옷에 묻는 일로 아내에게 술과 음란을 들키게 되었고, 기나긴 싸움 끝에 아내와 별거하게 되었습니다.

　저는 아담처럼 이 모든 타락이 "하나님이 내게 주신 저 여자 때문"이라고 변명했습니다. 그리고 가정이 산산이 깨어져 부끄러운 '별거 가정'이 되고 나서야 저의 벗음을 보고 하나님을 피해 숨었습니다.

　별거 후 2년이 지나 다시 만난 아내는 그동안 우리들교회에서 양육 받고 변화되어 아들 우상을 내려놓고 저를 존경하고 순종하는 여인이 되어 있었습니다. 아내를 통해 저는 교회로 다시 인도되었고, 하나님은 저희 가정을 회복시켜 주셨습니다. 행복하려고 결혼하고 성실하게 살았지만, 말씀이 없었기에 타락하여 가정이 깨어지는 아픔을 겪었습니다. 이 모든 것이 아내가 아닌 제 탓임을 이제야 진심으로 고백합니다.

기도

하나님 아버지, 타락의 길을 가고 싶지 않다고 하지만, 여전히 에덴 동산에서 우리끼리 잘 먹고 잘살고 싶은 마음이 있습니다. 예수님 믿는다고 내 정체를 드러내고 싶지도 않습니다. 너무나 지혜로워서 내 헌신에 나도 속는 타락이 있음을 고백합니다.

나의 가려운 곳을 긁어 주고, 내가 하고 싶은 것을 하게 해 준다면 저절로 사탄의 유혹을 받습니다. 먹음직도 하고, 보암직도 하고, 지혜롭게 할 만큼 탐스럽기에 내 힘으로 포기할 수 없는 것이 너무 많습니다. 내가 바로 달궈진 죄의 화덕인 것을 고백합니다. 누구라도 유혹을 받을 수 있음을 인정하고 깨어 있도록 도와주시옵소서.

선악과를 먹고 옳고 그름을 날마다 따지다가, 여호와의 낯을 피해 숨고 나가기도 싫고 말도 하기 싫은 것이 선악과를 먹은 결론임을 알았습니다. 그래서 이제 동산 나무 사이에 숨어 있는 저에게 하나님의 음성을 들려주시옵소서. 내가 그래도 너를 사랑하노라, 그 음성을 듣고 내 죄를 자복하고 나가게 하옵소서. 하나님 앞에 무릎 꿇고 기도하는 내가 되게 하여 주시옵소서.

내가 티끌이고 먼지인 것을 알게 하시고, 내 헌신에 내가 속지 않게 해 주시옵소서. 타락의 자리에서 나올 수 있게 도와주시옵소서. 예수님의 이름으로 기도합니다. 아멘.

하나님 아버지,
선악과를 먹고 하나님의 낯을
피하고만 싶습니다.
말씀을 통해
내 죄를 보게 하옵소서.

chapter 09

네가 어디 있느냐?

창세기 3:8-13

몇 년 전, 노만수 서울디지털대학 교수가 주간동아에 기고한 칼럼에 이런 내용이 있습니다.

미국의 저명한 신화학자인 조지프 캠벨은 인식의 나무인 선악과를 따 먹지 않았다면 인류는 아직도 에덴에서 멍청한 아이로 살고 있을 것이라고 말합니다. 또한 미국의 철학자 켄 윌버는《에덴을 넘어》(Up from Eden)에서 아담과 하와가 에덴을 잃은 것은 타락이 아니라 인간의 진화, 즉 도약이라고 주장합니다. 선악과를 먹음으로써 세상을 인식하는 힘인 자의식이 생기고, 그로 인해 인류가 발전해 왔다는 것입니다.

인간의 자의식을 세상에서는 선한 것으로, 인간의 발전을 이끌어 내는 것으로 규정하는데 성경에서는 자의식이 어떤 모습으로 나타나고 있는지 살펴보겠습니다.

《거짓말의 딜레마》를 저술한 클라우디아 마이어는 1990년대 초에 '방어적 자기 연출 모델'을 소개했습니다. 어떤 잘못을 저질렀을 때 자기를 방어하면서 첫 번째로 나오는 반응은 '부정'입니다. 아이가 꽃병을 깨 뜨리고 엄마의 추궁을 받을 때 "제가 안 그랬어요" 하면서 부정하는 것입 니다. 두 번째로는 그 사건을 새롭게 재해석하려고 합니다. "거실에 오니 까 이 꽃병이 바닥에 떨어져 깨져 있었어요." 세 번째로는 자신이 그 장본 인이 아니라고 합니다. "동생이 그랬어요" 하는 겁니다. 네 번째로는 변명 을 합니다. "꽃병이 저기 있으니까 부딪힐 수밖에 없었어요." 다섯 번째 로는 자신의 통제 능력을 부인합니다. "양탄자에 걸려서 넘어지다 보니 까…." 여섯 번째로는 자신의 연루를 최소화하려고 노력합니다. "원래 저 평소에는 굉장히 조심성 있는 거 엄마가 알잖아요." 마지막 일곱 번째가 용서를 구하는 것입니다. 방어하다 겨우 마지막에 "잘못했어요. 다시는 안 그럴게요"라고 합니다. 이렇게 용서를 구하기가 어려운 것이 인간의 자의 식입니다.

타락한 인간은 하나님을 피한다

> 8 그들이 그날 바람이 불 때 동산에 거니시는 여호와 하나님의 소
> 리를 듣고 아담과 그의 아내가 여호와 하나님의 낯을 피하여 동
> 산 나무 사이에 숨은지라 (창 3:8)

하나님의 음성을 들었는데 이들이 하나님의 낯을 피합니다. 죄의식 은 우리를 숨고 피하게 만듭니다. 회개를 촉구하며 찾아오시는 하나님 앞

에 우리가 나아가기만 하면 되는데 나아가지를 못합니다. 자의식이 발전하고 똑똑해질수록 교묘하게 피하는 기술만 늘어나게 마련입니다. 본회퍼는 "성경 전체가 말하는 유혹은 나의 힘을 시험하는 것과는 무관하다. 그 유혹의 본질은 나의 모든 힘이 나에게 대항하는 쪽으로 바뀌는 것을 의미한다"고 했습니다. 나의 신앙과 모든 힘이 원수 사탄의 손에 떨어지는 것입니다.

그래서 성도에게 오는 가장 큰 시험은 하나님께 버림받았다는 느낌입니다. 하나님은 우리를 결코 버리시지 않는데, 동산 나무 뒤에 숨어서 하나님을 피하면서 하나님이 나를 버리셨다고 하는 것이 타락한 인간의 자의식입니다.

> ⁹ 여호와 하나님이 아담을 부르시며 그에게 이르시되 네가 어디
> 있느냐 (창 3:9)

그럼에도 불구하고 하나님이 구체적으로 아담을 부르시며 먼저 찾아오셨습니다. 선악과를 딴 것은 하와인데도 아담에게 찾아오신 이유는 선악과를 먹지 말라는 명령을 아담 한 사람에게 주셨기 때문입니다(창 2:17). 그래서 처음 말씀을 들은 사람, 믿음이 좋은 사람에게 모든 일의 책임이 있습니다. 목사나 학자가 믿음 좋은 사람이 아니라 먼저 "내가 잘못했습니다"라고 고백하는 사람이 믿음 좋은 사람입니다. 우리의 사건이 선악의 개념이 아니라 구속의 개념인데, 그렇게 보면 내가 잘못하지 않은 게 어디 있겠습니까. 그러나 아담은 자신을 부르시는 하나님의 음성을 듣고

도 회개하지 않았습니다.

⁓

하나님이 예배로, 목장 모임으로, 섬김의 자리로 부르실 때 나는 어디에 있습니까? 하나님을 피하거나 숨고 있지는 않습니까? 옳고 그름을 떠나 먼저 말씀을 들은 사람으로서 내가 먼저 사과하고 회개해야 할 일들은 무엇입니까?

타락한 인간은 변명을 한다

¹⁰ 이르되 내가 동산에서 하나님의 소리를 듣고 내가 벗었으므로 두려워하여 숨었나이다 (창 3:10)

선악과를 먹어서 자의식이 들어갔고, 하나님을 피했습니다. 그래서 하나님이 먼저 내 이름을 부르시며 찾아오시는데 "용서해 주세요"라고 말을 못합니다. "하나님이 금지한 선악과 따 먹은 것을 용서해 주세요"라고 말하지 않고 아담이 뭐라고 합니까? "내가 벗었으므로 두려워하여 숨었나이다"라고 합니다. 본질에서 벗어난 이야기를 합니다. 아무도 벗었다고 탓하지 않았는데, 엉뚱한 이야기를 하면서 본질적인 내용을 회개하지 않았습니다.

사건이 가장 빨리 해결되는 방법이 궁금하십니까? 본질적인 죄를 회개할 때 문제가 해결됩니다. 하나님의 방법을 떠나 내 뜻대로 집 팔아서 병을 고쳐 보겠다고 외국에 갔는데 병이 낫지 않았다고 합시다. 그러면 그것을 회개해야 하는데, 내 병이 낫지 않았다고 환경을 미워합니다. 의사에게 속았다고 분노합니다. 내가 뇌물 받은 것, 불신결혼한 것을 회개하지 않으면서 망할까 봐 두렵고 남편이 새로운 여자를 만날까 봐 두렵습니다. 저 역시 불신결혼한 것을 회개하기보다는 이혼하면 그게 알려져 망신을 당할까 두려웠습니다. 어디로든 숨고만 싶었습니다.

> ¹⁸ 사랑 안에 두려움이 없고 온전한 사랑이 두려움을 내쫓나니 두
> 려움에는 형벌이 있음이라 두려워하는 자는 사랑 안에서 온전히
> 이루지 못하였느니라 (요일 4:18)

내가 잘못했더라도 하나님은 항상 나를 사랑하십니다. 그런데 자의식이 들어오면서 그 믿음이 깨졌습니다. 하나님과 내외를 하고, 치마로 가렸습니다. 부부관계에서도 마찬가지입니다. 가장 친밀한 관계인 남편이 두려워서야 되겠습니까. 그런데 그런 부부들이 얼마나 많은지 모릅니다. 헨리 클라우드의 글에 나오는 예화를 인용하겠습니다.

모든 것을 갖춘 제이슨이라는 사람이 있었습니다. 교회 활동도 적극적이고, 좋은 직장을 가졌으며, 아름다운 아내와 두 자녀가 있었습니다. 정기적으로 운동도 하고 친구들과의 관계도 좋았습니다. 그런데 어느 날 심한 우울증과 무기력증이 오기 시작했습니다.
사람들은 왜 제이슨 같은 사람이 우울증과 무기력으로 고통스

러워하는지 까닭을 알 수 없었습니다. 하지만 그동안 그의 안정된 삶은 오래된 우울증을 밀어내려는 안간힘에 불과했습니다. 그는 술에 취해서 욕설을 퍼붓는 부모 밑에서 자랐고, 밥을 차려 주거나 빨래를 해 주거나 용돈을 주는 사람도 없이 모든 일을 자신이 해야만 했습니다. 아홉 살 때부터 서른 살의 정신연령으로 살아야만 했습니다. 이타적이고 사랑스러운 사람이라서 그 모든 일을 한 게 아니라, 살아남기 위해서 했던 것입니다. 결국 용량이 초과되었고 그 결과로 우울증이 발병했습니다.

책임감을 갖는 것이 건강하지 못하다는 말이 아닙니다. 책임감을 갖게 된 이유가 무엇인지 주목해야 합니다. 제이슨은 내적으로 무너지는 것이 두려워서 분주하게 움직이고, 적극적으로 행동했습니다. 그리스도의 사랑 때문에 순종한 것이 아니라 두려움과 공포 때문에 순종을 위한 순종을 한 것이었습니다. 결국 사랑에서 점차 멀어지고 내적으로 분열되는 결과가 왔습니다. 남의 말에만 따르면서 무책임해지고, 권위를 가진 상대를 기쁘게 하는 데만 초점을 맞추기 때문에 의견의 차이를 제대로 다룰 수가 없었습니다. 신앙도 마찬가지입니다. "믿는 자에게는 능히 하지 못할 일이 없느니라" 하면 무조건 "아멘" 하고 비자발적인 선택에 길들여지다 보면 사건이 와도 결정을 못합니다. 망연자실할 뿐입니다.

우리는 언제나 하나님의 뜻을 물으며, 내가 할 수 없는 것을 인정해야 합니다. 제이슨의 이야기가 꼭 저의 이야기입니다. 언제나 무서워서 순종했고, 인정받으려 안간힘을 쓰며 살았습니다. 그런데 시집살이를 하면서 해결 방법을 찾지 못했습니다. 점점 더 순종을 위한 순종을 하면서 모든 사람을 기쁘게 하는 데 안간힘을 썼습니다. 그러면서 제가 몇 번이나 죽고자 했는지 모릅니다. 그래서 저는 여러분의 죽고 싶은, 죽을 수밖에 없는 고난의 이야기가 진심으로 체휼이 됩니다.

~~~~~~~~~~

나의 순종과 섬김은 권위 있는 자를 기쁘게 하기 위함입니까, 아니면 예수님의 사랑에 근거합니까? 문제를 해결하기 위해 본질적인 것을 회개해야 하는데 자꾸 겉도는 변명만 하고 있지는 않습니까?

피해의식과 열등감으로 타락이 이어진다

¹¹ 이르시되 누가 너의 벗었음을 네게 알렸느냐 내가 네게 먹지 말라 명한 그 나무 열매를 네가 먹었느냐 (창 3:11)

주님께서 결국 내가 회개할 거리가 무엇인지를 구체적으로 알려 주십니다. "내가 네게 먹지 말라 명한 그 나무 열매를 네가 먹었느냐?" 그러나 대답하기 싫습니다. "내가 잘못했습니다"라고 인정을 못합니다. 금지하신 선악과를 먹고 유혹에 넘어가서 눈이 밝아질 줄 알았는데 인간에게 찾아온 것은 불안과 고통, 피해의식과 열등감뿐이었습니다. 이런 열등감과 두려움 때문에 유혹에 또다시 넘어갑니다. 회개하지 않으면 다른 유혹이

또 찾아오는 것입니다.

플라톤의 《향연》에 사랑의 신 에로스의 혈통을 설명하는 부분이 나옵니다. 에로스의 아버지는 계략과 교활이고, 어머니는 빈곤과 결핍입니다. 이들이 결합하면 자신의 결핍을 만족시켜 줄 음모를 꾸미는 자식이 나오는데 그가 바로 에로스입니다. 에로스는 사랑의 성립을 위해 상대방의 결핍을 자극합니다. 사람들이 사랑에 쉽게 빠지도록 불안감에 휩싸이게 만듭니다. 불안하고 두려울 때 다른 사람에게 기댄다는 걸 에로스는 잘 알고 있습니다.

상대방에게 폭력과 욕설에 시달리면서 피학적인 연애를 하는 경우가 있습니다. 에로스의 덫에 빠져 들어간 것을 모르고 "십자가로 승화해야 한다"면서 연애를 합니다. 맞으면서 "내가 잘 참아서 그가 구원받아야 해" 합니다. 제정신이 아닙니다. 자기의 결핍을 강조해서 다른 사람에게서 부족을 채우려는 에로스의 속성을 모르기 때문입니다.

클레오파트라가 카이사르와 처음 만난 날 동침을 했다고 합니다. 카이사르의 마음을 사로잡기 위해 클레오파트라가 한 일은 그에게 알렉산더 대왕의 치적을 계속해서 강조하는 것이었습니다. 그래서 카이사르 내면의 열등감이 자극받았고, 카이사르는 자신의 능력을 클레오파트라에게 입증하고자 열을 올렸습니다. 또한 클레오파트라는 카이사르가 암살당한 이후에 그의 후계자 안토니우스에게 눈을 돌립니다. 안토니우스는 쾌락과 화려한 구경거리를 좋아했고, 취향이 유치한 인물이었습니다. 그래서 클레오파트라는 그에게 로마와 비교도 할 수 없는 방탕하고 호화로운 연회를 열어 줍니다. 그날 안토니우스는 자신이 얼마나 아둔한 병사들과 무뚝뚝한 로마인 아내에게 시간을 허비했는지를 느꼈습니다. 그리고 클레오파트라의 사랑의 노예가 되었습니다.

이렇게 내면의 불안함을 잘 찔러 주면 유혹에 넘어옵니다. 이것이 사탄의 유혹의 기술입니다. 내가 힘들수록 또 다른 유혹에 걸리기 쉽습니다. 이혼한 사람은 재혼하기도 쉽고 삼혼하기도 쉽습니다. 내가 온전히 하나님을 만나야 유혹과 불행의 굴레에서 벗어날 수 있습니다. 불행한 사람끼리 의지하고 살자면서 불행한 나와 불행한 너가 만나 불행한 우리가 됩니다. 성숙한 너와 성숙한 내가 만나야 행복한 우리가 됩니다. 피해의식과 열등감을 가지고 결혼하면 서로에게 책임 전가할 일만 기다립니다.

타락한 인간은 책임을 전가한다

12 아담이 이르되 하나님이 주셔서 나와 함께 있게 하신 여자 그가 그 나무 열매를 내게 주므로 내가 먹었나이다 (창 3:12)

아담이 창세기 2장에서는 "뼈 중의 뼈, 살 중의 살"(창 2:23)이라고 하와를 칭했습니다. 그러다가 지금은 하나님이 주셔서 나와 함께 있게 하신 여자가 주어서 먹었다고 합니다. 하나님과 여자에게 동시에 책임을 전가합니다. 사실 틀린 말이 아닙니다. 아담은 정확하게 논리적으로 따지면서 자기의 책임을 최대한으로 낮춥니다. 틀린 말을 하지 않았으니 논리가 맞다고 생각하지만, 옳고 그름만 따지는 것이 불신앙이자 불순종입니다. 아담이 이렇게 책임을 전가하면서 잘못했다는 말 한마디를 하지 않습니다. 그래서 하나님은 아담의 양육을 여기서 끝내시고 여자에게 물으십니다.

> ¹³ 여호와 하나님이 여자에게 이르시되 네가 어찌하여 이렇게 하였느냐 여자가 이르되 뱀이 나를 꾀므로 내가 먹었나이다 (창 3:13)

여자는 뱀과 대화하면서 하나님의 말씀을 왜곡했고 결국은 선악과를 따 먹었습니다. 그러면서 뱀이 나를 꾀므로 먹었다고 합니다. 하와가 유혹에 넘어가 적극적으로 죄를 지었고 이 범죄로 인류에게 죄가 들어옵니다. 하지만 뱀에게 책임을 전가하면서 회개하지 않았습니다.

아담과 하와의 모습을 보면서, 이 세상의 어떤 부부도 이렇게 책임을 전가할 수 있겠구나 싶습니다. 믿음의 조상 아브라함마저도 아내를 누이동생이라고 팔아서 육축과 은금을 얻어오지 않았습니까. 그래서 배우자는 믿음의 대상이 아닙니다. 배우자가 나를 배반할 때 "이것이 있어야 할 일이구나" 생각하시기 바랍니다.

남편이 바람을 피웠다면 방어적 자기 연출 단계가 어떻게 되겠습니까? 먼저 바람 피운 사실을 부정하겠지요. 다른 증거를 들이대면 사건을 재해석하면서 "그 여자랑 잔 건 사실이지만 그건 실수였어. 딱 한 번뿐이야" 할 것입니다. 세 번째로는 자신이 장본인임을 부인하면서 "그 여자가 작정을 하고 나를 유혹한 거야"라고 할 것입니다. 네 번째로는 변명입니다. "당신이 나한테 관심이 없고 잘 못하니까 내가 바람이 난 거 아니야!" 다섯 번째로는 자신의 통제 능력을 부인합니다. "그때 내가 너무 취해서 몸도 가누지 못할 정도였다고." 여섯 번째로는 자신의 연루를 최소화 합니다. "내가 바람둥이가 아닌 것, 가정에 충실해 왔던 것 당신도 알고 있잖아." 그래도 안되면 마지막으로 사과를 하고 용서를 구합니다. 처음부터 용서를 구하면 좋을 텐데 똑똑한 사람일수록 단계가 늘어납니다. 이것이 자기 죄를 모르는 타락한 인간의 현주소입니다.

우리가 모두 거짓 아비 마귀에게서 났기에 예수님을 믿으면서도 거짓말의 행전이 계속됩니다. 클라우디아 마이어의 《거짓말의 딜레마》에 따르면, 남자의 거짓말 목록 1위는 자동차에 관한 것이라고 합니다. 자동차를 자신의 지위로 규정하기 때문에 1위를 차지했습니다. 2위는 직업, 3위는 여가입니다. 컨디션이 별로인데도 운동을 좋아하고 체력이 좋은 것처럼 과장하는 것입니다. 여자의 거짓말 목록 1위는 바로 몸무게입니다. 생각해 보면 저도 조금씩 깎아서 이야기하는 경향이 있습니다. 2위는 나이이고 3위는 정조에 관한 것입니다. 그리고 4위가 쇼핑입니다. 특히 소득이 높은 직장 여성일수록 물건을 싸게 잘 샀다고 말하고 다닌다고 합니다. 저 역시 누가 옷차림을 칭찬해 주면 오천 원이다, 만 원이다 하면서 검소하게 보이려고 할 때가 있습니다.

신실해 보이는 사람이라도 거짓말할 때가 있습니다. 남편 생전에 집에서 큐티를 인도할 때 남편이 전화를 해서 "뭐 하고 계시나?" 하면 "아무 것도 안 하고 있는데요" 하면서 거짓말했습니다. 많은 사람을 모아놓고 큐티모임을 하면서도 가책도 없이 "아무도 없어요" 했습니다. 그런데 어느 날 같은 거짓말을 하고 있는데 딸아이가 저를 빤히 쳐다보는 것이었습니다. 그 이후로는 선의의 거짓말도 점점 안 하는 것이 믿음이라 생각하고 고쳐 가게 되었습니다.

〜〜〜

선의의 거짓말이라면서 예수님을 믿고도 거짓말의 행전을 쓰고 있습니까? 내가 죄를 지으면서도 "남도 다 하는데", "상황을 그렇게 만들었는데" 하고 책임을 전가하는 모습은 없습니까? 내 죄를 볼 수 있게 해 달라고 성령님의 도우심을 간구합시다.

하나님은 대안을 가지고 계시다

⁹ 여호와 하나님이 아담을 부르시며 그에게 이르시되 네가 어디 있느냐 (창 3:9)

하나님이 뱀에게는 왜 유혹을 했느냐고 묻지도 않으셨습니다. 뱀은 생령이 들어가지 않은 짐승에 불과한 사탄의 하수인입니다. 그래서 추궁도 하지 않으시고 나중에 벌을 주십니다. 사람에게만 선악과를 먹지 않도록 훈련거리를 주셨습니다. 구원에는 훈련이 필요하기 때문입니다.

내가 어떤 죄의 현장에 있을 때 주님이 찾아와 주셨는지 생각해 보시기 바랍니다.

목장 보고서에 이런 나눔이 올라왔습니다.

오래전에 직장생활할 때 지역 위치상 교통이 원활하지 못하다는 이유로 같은 회사 여직원과 한 차로 출퇴근을 했다. 내가 그 여자 집 앞까지 가서 (사실은 같은 방향도 아니었는데) 함께 다니다가 정이 들었다. 얼굴도 아내의 두 배 정도 예쁘고 키도 크고 날씬한 동갑내기였던 여자는 센스도 있고 세련되었다. 아내는 내 마음을 몰라주는 것 같은데 그녀는 내가 물질적으로 힘들 때 천만 원짜리 통장도 넘겨주며 마음대로 쓰라고 했다. 그 여자의 남편은 도박중독자인데 날마다 구타하며 있는 돈을 다 날리고 외국으로 도망가 버렸다. 어느 날 호프집을 차린다고 찾아왔길래 말렸지만 우리 집에서 500미터 정도 거리에 차렸고 의리상 친구라는 이유로 뒤를 봐주는 역할을 했다. 그녀는 한 달쯤 하다 그만두고 그 후에 옷 장사를 시작했는데 새벽 장을 보러 다닐 때마다 함께 다녔다. 계속해서 서로 연결되어 살았다. 꾸준히 하는 일이 없어서 보험사원이 되면 어떻겠냐고 권유했더니 사교성이 탁월한 그녀는 보험 실적 1위를 차지했고, 법원과 검찰청 사원들을 고객으로 만들면서 새로운 남자가 생겨 3년 만에 관계가 끊어졌다. 지금으로부터 13년 전 이야기인데 미련도 후회도 없다. 잘 끊었다고 생각한다.

이 간증이 끝나자 목장 식구들이 "집사님이 뭘 끊은 것이냐, 그 여자한테 끊김을 당한 게 아니냐"면서 이구동성으로 나섰답니다. 부인 집사님은 이렇게 나누셨습니다.

그 당시 나는 너무 힘들었다. 하나님이 여러 모로 사인을 주셨는데 일주일 동안 잠을 못 자고 괴로워서 신경정신과를 찾았다. 약을 처방해 주며 먹으라고 했다. 일주일분 약을 조제해서 집에 와 이틀치를 먹었는데, 문득 '이건 사탄에게 속는 거다'라는 생각에 나머지 약을 쓰레기통에 버리고 새벽마다 하나님께 부르짖으며 성전에 가서 울었다. 그래서 남편의 구원을 위해 "하나님, 이 사업은 흥하면 안 됩니다. 망하게 해 주십시오"라고 기도했다. 한 마디도 할 수 없게 적반하장으로 나오는 남편이 무서워 여태껏 말 한마디 못하고 가슴앓이를 했는데 13년 만에 창세기 말씀으로 이렇게 말하고 듣게 되어 감사하다. 하나님의 은혜로 더 깊은 관계까지 가지 않게 막아 주셨던 것 같다. 사실 그때 그 여자를 만나봤는데 내가 봐도 예쁘더라.

남편이 잘못했다는 말 한마디 않고 다른 여자의 뒤를 봐 줄 때 이 관계가 얼마나 힘들었겠습니까. 하지만 아내는 남편이 너무 무서워서 그동안 말을 못 하고 살았습니다. 그런데 하나님의 때가 차서 우리들교회 목장에서 이렇게 오픈하고 할 말을 하게 됐습니다.

여러분은 지금 하나님의 낯을 피해서 숨고 있지는 않습니까. 두려워서 변명하고 있지는 않습니까. 피해의식으로 남에게 책임을 전가하고 있습니까, 아니면 순종을 위한 순종을 하면서 남과 나를 괴롭게 하고 있지는 않습니까?

이제는 "때문에"의 신앙이 아니라 "불구하고"의 신앙이 되시기를 바랍니다. 하나님은 반드시 대안을 가지고 계십니다. 우리의 이름을 부르시며 먼저 찾아오시는 그 음성을 들으시길 바랍니다. "아담아 네가 어디 있느냐?" 이 음성에 응답하시기 바랍니다.

말씀으로
기도하기

　　죄가 들어가서 타락한 인간의 자의식은 그것이 발전할수록 더 교묘한 악으로 이어집니다.

　　타락한 인간은 하나님을 피합니다. (창 3:8-9)
　　선악과를 먹은 인간은 죄의식 때문에 하나님의 낯을 피합니다. 하나님이 아담을 부르시는 것은 선악과를 금하는 명령을 그에게 주셨기 때문입니다. 어떤 문제든 먼저 말씀을 들은 내가 회개하게 하옵소서.

　　타락한 인간은 변명을 합니다. (창 3:10)
　　아담은 '어찌하여 숨었느냐' 물으시는 하나님의 질문에 선악과를 먹은 본질적인 죄는 회개하지 않고 변명합니다. 나의 불순종과 변명을 회개합니다.

피해의식과 열등감으로 타락이 이어집니다.(창 3:11)

하나님께서 '먹지 말라 명한 그 나무 열매를 먹었느냐'고 회개할 죄의 내용을 정확히 알려 주시지만 여전히 회개하지 못합니다. 나의 결핍을 채우려고 택한 모든 악을 회개합니다.

타락한 인간은 책임을 전가합니다.(창 3:12-13)

아담은 하와와 하나님께 책임을 전가합니다. 여자는 뱀에게 책임을 전가합니다. 남의 죄가 아니라 나의 죄를 보게 하옵소서.

하나님은 대안을 가지고 계십니다.(창 3:9)

하나님은 타락의 현장에 있는 나를 찾아오시고 회개할 기회를 주시고 말씀으로 양육하십니다. 죄의식으로 숨지 말고 하나님의 사랑에 반응하며 나아가게 하옵소서.

우리들
묵상과 적용

목수 일을 하셨던 아버지는 과음을 하고 집에 들어오면 여지없이 어머니를 때렸고, 그런 생활에 지친 어머니는 제가 5살 때쯤 별거를 시작하셨습니다. 저는 큰아버님 댁에 맡겨졌고 여덟 식구가 사는 가난한 큰댁에서 당연히 눈치덩어리가 될 수밖에 없었습니다. 초등학교 2학년 어느 날, 소식을 모르고 지내던 아버지가 술에 취해 학교로 저를 찾아와 동전 몇 개를 주시며 엄마 말 잘 들으라고 하셨습니다. 그리고 그해 겨울, 아버지가 길에서 동사(凍死)하셨다는 사망 통보를 받았습니다.

6학년 때 어머니께 다시 오기까지 저는 큰댁에서 구박덩어리가 되어 혼자 지내는 법을 터득하게 되었습니다. 어머니는 재혼을 하셨고 새아버지와 함께 살게 되었는데, 저는 새아버지의 폭력과 구박으로 자유함 없는 학창시절을 보내며 왜 이렇게 살아야 하는지 해석이 되지 않아 억울하고 분이 났습니다. 그러나 어머니를 생각하면 마냥 비뚤어질 수도 없었습니다. 어머니에 대한 연민과 새아버지에 대한 두려움, 그리고 또 버림받을지도 모른다는 공포심 때문에 어떻게든 인정을 받아야 했고 생존을 위해 기쁨을 주는 사람이 되고자 무의식적인 선택으로 순종을 위한 순종을 하며 살았습니다.

교회를 가기 전까지 어머니를 따라 절에 다니며 '이 고통스러운 삶에서 벗어나게 해 달라'고 기도했지만 나아지는 것은 없었고, 얼마 후 "너 같은 건 교회나 가야 인간이 된다"는 새아버지의 말씀을 따라 아무 믿음도 없이 교회에 잠시 다니기도 했습니다. 그렇게 청소년 시절을 보내고 대학에 합격했지만, 대학에 보내 줄 수 없다는 새아버지의 말씀에 용돈 벌이를 위해 아르바이트를 시작했고, 그곳에서 지금의 아내를 만났습니다. 아내는 자기와 헤어지기 싫으면 교회를 다녀야 한다고 했고, 당시 아내가 우상이었던 저는 울며 겨자 먹기로 교회에 다시 나가기 시작했지만 예수님에 대해서는 전혀 관심이 없었습니다. 그렇게 8년 동안 연애를 하며 정을 쌓았지만 저의 미래가 불확실하다는 이유로 처가의 반대에 부딪혔고, 결국 아내는 무슨 일이 있어도 예수님을 놓으면 안 된다는 말을 남기고 캐나다로 떠나버렸습니다. 마치 모든 것이 무너지는 것 같았고 아무런 희망도 가질 수 없었지만, 일 년 뒤에 기적처럼 아내를 다시 만나 결혼까지 하게 되었습니다.

그러나 불행한 너와 내가 만나면 불행한 우리가 된다고 하신 것처럼, 서로의 결핍을 자극함으로 서로를 의지하게 했던 저희 부부도 계속되는 가난 속에서 구속사적인 해석을 하지 못하고 서로를 원망하며 분방하는 삶을 살았습니다. 아내는 우울증으로 아이들을 때리는 증상이 나타나서 약물 치료까지 받아야 했고, 첫째 아이는 애정 결핍 증상을, 둘째 아이는 과잉행동장애(ADHD)로 정신과 치료를 받게 되었습니다.

저 또한 아내와 함께 10년이 넘도록 교회를 다녔지만 지속되는 물질의 고난 앞에서 제가 마치 저주받은 사람처럼 느껴지며 몸과 마음이 힘들었습니다. 결국 다니던 직장을 그만두고 복수심에 불타 사업을 시작했는데 처음에는 잘될 것 같았던 사업은 점점 힘들어졌습니다. 병적인 화로 두 아이들을 때리는 저의 모습에 당황스러워하는 아내 앞에서 저는 '부모의 사랑을 못 받아서 아이들을 사랑하는 법을 모르는 것'이라며 아담이 하와에게 책임을 전가하듯 모든 책임을 부모님에게 돌렸습니다. 이런 저에게 하나님은 공동체의 사랑과 말씀으로 대안을 주셨고 이제 저의 깊은 곳을 바라보며 회개하게 하십니다. 상처를 하나님이 아닌 술과 대중음악으로 풀려고 하는 죄, 구원의 시선으로 약자를 바라보지 못하고 내 상처를 그대로 투영하여 짓밟아 버리는 야수 같은 본능을 회개합니다. 사업과 자녀를 통해 낮아지고 곤고하게 하심으로 저를 우리 가정의 사도로 세워 주시는 하나님께 감사드립니다.

기도

하나님 아버지, 선악과를 먹은 것은 나로 나인데 하나님의 낯을 피해서 숨고 싶습니다. 하나님도, 사람도, 교회도 싫습니다. 내 죄가 보이지 않습니다. 그래서 변명을 하고, 두려워하면서 책임을 전가하고 있습니다. 살수도 없고 죽을 수도 없는 환경에서 길이 보이지 않습니다. 아내의 자리에서, 남편의 자리에서, 부모의 자리에서 모두들 부족하다고 하고 옳지 못하다고 합니다.

우리는 자신을 모릅니다. 피해의식과 열등감으로 똘똘 뭉쳐 있어서 남을 탓하고 내가 옳다 합니다. 우리가 아직 타락의 자리에 있어서 두렵고 무섭습니다. 이제 이 자리에서 나갈 수 있도록 도와 주시옵소서.

하나님이 보시는 내가 어떤 사람인지 알게 하여 주시옵소서. 나를 만드시고 절대 포기하지 않으시는 주님, 나를 지키시고 가장 깊이 이해하시는 주님밖에 길이 없사오니 오늘 불러 주시는 음성을 듣기 원합니다.

"아담아, 네가 어디 있느냐" 찾으시는 음성에 죄의 자리를 박차고 나

아가게 하옵소서. 죄를 회개함으로 타락의 굴레를 벗어나 생명에 이를 수
있도록 도와주시옵소서. 모든 지체들이 예수님을 주인으로 영접하고 받
아들이도록 역사하여 주시옵소서. 나의 모든 죄악과 거짓에도 불구하고
나를 찾으시고 구원하시는 하나님의 사랑을 찬양합니다. 예수님의 이름
으로 기도합니다. 아멘.

하나님 아버지,
고난을 통해서라도
예수 그리스도가 우리 가정에
오시길 원합니다.
형벌이 축복으로 바뀌는
삶을 살게 하옵소서.

chapter 10

축복은 벌을 통해 온다

창세기 3:14-24

"열한 명의 자녀 중에 누구를 제일 사랑합니까?" 어떤 사람이 존 웨슬리의 어머니에게 이런 질문을 던졌습니다. 존 웨슬리의 어머니는 이렇게 대답했습니다. "병에서 회복되기 전까지는 아픈 아이를, 집으로 돌아오기 전까지는 집을 나간 아이를 가장 사랑합니다." 우문(愚問)에 현답(賢答)입니다. 이 대답이 바로 죄로 인해 고통하는 인간을 향한 하나님의 마음이리라 생각합니다.

뱀에게 저주의 벌을 내리신다

14 여호와 하나님이 뱀에게 이르시되 네가 이렇게 하였으니 네가 모든 가축과 들의 모든 짐승보다 더욱 저주를 받아 배로 다니고 살아 있는 동안 흙을 먹을지니라 (창 3:14)

인간을 타락하게 만든 장본인인 뱀에게 먼저 저주를 선포하십니다. 선악과를 먹게 한 것이 엄청난 죄악이기에 하나님께서 직접 확실한 저주를 내리십니다.

사실 뱀의 말처럼 아담과 하와가 죽지는 않았습니다. 도리어 그들의 눈이 밝아졌습니다. 하지만 그들이 눈이 밝아져서 본 것은 자신들이 하나님을 만나기에 적합하지 않다는 사실이었습니다. 가장 엄중한 형벌은 본인이 수치와 두려움을 느끼는 것입니다. 불신결혼을 하고 나니 하나님과 멀어집니다. 이혼을 하고 나니 교회에 나가기가 꺼려집니다. 눈이 밝아지는 것이 이런 결과를 가져옵니다.

실족케 하는 자는 화가 있다고 하셨습니다. 그래서 뱀 목사, 뱀 상담가, 뱀 지도자들이 가장 큰 벌을 받을 것입니다. 지도자는 아무나 하는 것이 아닙니다. 말씀을 그럴듯하게 인용하는 것 같지만 뱀에게는 말씀이 들리지 않습니다. 그것이 저주입니다.

리처드 도킨스가 옥스퍼드 대학의 석좌교수이지만 《만들어진 신》이라는 책에서 하나님은 없다고, 신은 만들어진 존재라고 썼습니다. 한 공영방송에서도 "신의 길 인간의 길"이라는 제목의 프로그램을 방영했는데, 예수님이 여러 영웅들을 짜깁기한 신화일지도 모른다고 주장했습니다.

이들이 모두 선악과를 먹게 하는 자들입니다. 이런 사람들은 이 세상에서 흙을 먹고, 온몸으로 이 땅의 더러운 것을 휩쓸고 다닙니다. 말씀이 들리지 않기 때문입니다.

사탄은 완전히 패배할 존재입니다. 예수님의 초림 때 십자가에서 결박당했고, 예수님이 재림하실 때에 완전히 패배할 것입니다. 그러나 아직은 완전히 죽지 않았습니다. 그래서 우리는 지금도 으르렁거리는 사탄과 치열한 영적 전쟁을 치러야 합니다.

〰️

예수님만 믿으면, 큐티만 하면, 기도만 하면 다 잘될 거라고 뱀 같은 말로 자신을 속이고 다른 사람도 속게 하지는 않습니까? 고난이 저주가 아니라 예수님 없이 잘되는 것이 저주임을 깨닫고 있습니까?

인간에게는 대안을 먼저 주신다

그러면 하나님은 선악과를 따 먹은 우리에게 어떤 벌을 내리실까요? 우리를 하나님의 형상대로 만드셨기에, 대안을 먼저 주시고 벌을 주십니다.

> ¹⁵ 내가 너로 여자와 원수가 되게 하고 네 후손도 여자의 후손과
> 원수가 되게 하리니 여자의 후손은 네 머리를 상하게 할 것이요
> 너는 그의 발꿈치를 상하게 할 것이니라 하시고 (창 3:15)

뱀과 여자가 서로 결탁해서 하나님의 명령을 어겼습니다. 그래서 쫓겨나게 되었으니 이제 여자와 뱀은 원수 사이가 되었습니다. 가장 죽이 잘 맞던 사이가 가장 이를 가는 원수가 된 것입니다. 사탄 자신이 하나님께 저주받았기에, 여자의 후손도 저주받게 하는 것이 사탄의 최고 목표입니

다. 그래서 사탄과 여자의 후손 사이에는 끊임없는 영적 전쟁이 있습니다.

그러나 뱀의 후손은 여자의 후손의 발꿈치밖에는 상하게 하지 못합니다. 반면 여자의 후손은 뱀의 후손의 머리를 상하게 한다고 약속하십니다. 결국 여자의 후손이 승리할 언약입니다. 그래서 이것을 원시복음(proto-evangelism)이라고 합니다.

발꿈치를 상하게 한다는 것은 무엇입니까. 예수님이 오시지 못하도록 온갖 공격을 하는 것입니다. 헤롯 왕의 영아 학살, 공생애를 시작하시면서 예수님이 받으셨던 마귀의 시험, 사랑하는 제자 중 하나인 가룟 유다의 배반, 십자가에서의 수난…. 이것들이 모두 발꿈치를 상하게 하려는 사탄의 공격이었습니다. 그러나 예수님이 끝까지 십자가를 지고 부활하셨기에 모든 발꿈치의 상처가 치유됐습니다.

나의 원수는 누구입니까? 창세기 1장 바라크의 복을 막는 존재가 바로 나의 원수입니다. 만물을 잘 다스리기 위해서 하나님께 지혜를 구하며 주님만 바라야 하는데, 그러지 못하도록 꼬드기는 존재가 나의 원수입니다.

그러나 우리는 원수와 원수가 아닌 것을 잘 분별하지 못합니다. 나를 핍박하고 무시하는 남편이 원수입니까? 그는 원수가 아닙니다. 마약은 원수지만 마약 하는 남편은 원수가 아닙니다. 이것을 분별해야 영적 전쟁을 잘 치를 수 있습니다. 우리의 원수는 사람이 아니라 그 속의 영입니다. 그 영이 어떤 생각을 하는지 알아야 합니다. 남편이 교회 가는 것에 간섭하지 않으면서 "그 교회 너무 덥다는데 우리 시원한 데로 여행이나 갈까?", "이번 주는 그냥 아이스쇼나 보러 갈까?" 합니다. 교회 이야기는 꺼내지도 못하게 하면서 돈도 잘 벌어다 주고 지극정성으로 잘해 줍니다. 그게 핍박보다 더 무서운 원수입니다.

원문에서는 "여자의 후손"이 단수로 표현되어 있습니다. 하나님께서 주신 대안이 바로 여자의 후손, 동정녀의 몸에서 태어나신 예수 그리스도이십니다. 그래서 인류 역사 이래로 여자의 가장 큰 역할은 후손을 낳는 것입니다. 예수 그리스도의 영적 자녀를 낳는 것입니다.

여자와 남자에게 축복의 벌을 주신다

16 또 여자에게 이르시되 내가 네게 임신하는 고통을 크게 더하리
니 네가 수고하고 자식을 낳을 것이며 너는 남편을 원하고 남편
은 너를 다스릴 것이니라 하시고 (창 3:16)

먼저 여자에게 임신하는 고통을 주십니다. '임신하다'라는 단어의 원어는 '섭섭하다', '고통하다', '근심하다', '모양을 만들다' 등의 뜻을 가집니다. 우리가 육적으로 아이를 임신해도 근심하기도 하고 슬퍼하기도 하면서 모양을 만들어 갑니다. 전도를 하려고 해도 이 과정을 반드시 겪어야 한 생명이 주 안에서 태어나게 됩니다.

타락 이전에는 인간에게 복을 주시며 생육하고 번성하고 충만하라고 말씀하셨습니다. 이때 생육하고 번성하는 것에는 고통이 동반되지 않았습니다. 그러나 타락하고 나서는 생육하고 번성하는 것이 고통이 되었습니다. 해산도 고통스럽고, 자녀를 키우는 과정에도 고통이 있습니다. 그

러면서 하나님의 벌을 받는 것입니다. 벌로 주셨으니 잘 받는 것이 최선입니다. 이것을 저주라 생각하지 않고 벌로 잘 받을 때 축복이 옵니다.

'남편을 원한다'는 표현은 물이 넘쳐흐르는 것 같은 강렬한 갈망을 의미합니다. 굶주린 자가 먹을 것을 찾아 뛰어다니듯이 여자가 남자의 사랑을 갈망하고 기다리는 것입니다. 남자가 남편이 되는 순간부터 여자가 남편을 원하기 때문에 수없는 고통을 겪습니다.

반면 남편이 여자를 다스린다고 할 때는 가혹하고 착취적인 예속의 의미가 들어 있습니다. 남자들이 죄성을 가지고 여자를 다스리기 때문에, 인격적인 다스림보다는 폭력적이기 쉽습니다. 이 '다스린다'는 동사는 미완료형으로 지속적인 다스림을 의미합니다. 원하는 것이 형벌이 되고, 그 원하는 남편이 나를 예속하며 다스리기 때문에 인류 이래로 여자는 남편 때문에 깨어집니다.

내가 남편을 아무리 원해도 남편은 결혼 후에는 나를 사모하지 않습니다. 집에 데려다 놓은 아내는 그저 공기 같은 존재일 뿐입니다. 그러니 결혼 생활이 얼마나 갈등 충만하겠습니까. 남편을 독점하고자 하는 갈망으로 요리도 하고 애교도 떨지만, 이 모든 것이 그리스도 밖에서는 사랑해서 하는 것이 아니라 다만 주장하기 위해서, 자기의 영역을 넓히기 위해서 하는 것에 불과합니다. 뼈 중의 뼈, 살 중의 살이었던 사이가 갈망하고 착취하는 지배와 피지배의 사이로 변해 버리기 때문입니다. 결혼 생활은 고통과 수고뿐입니다.

그럼에도 이 원리에 순종해야 합니다. 고생하면서 아이를 낳고, 남편을 사모하고 그 다스림에 복종하는 모습을 보여야 자녀들이 나를 인정합니다. 이것이 원죄의 형벌이기에 그리스도 안에서 잘 받아야 합니다.

그러면 왜 이렇게 여자에게 힘든 형벌을 주십니까? 여자의 재료가 남자보다 훌륭하기 때문입니다. 여자는 뼈로 지어졌고 남자는 티끌에 불과한 흙으로 만들어졌습니다. 여자가 남자보다 영리했기에 뱀과도 먼저 이야기했습니다. 아담은 거기까지 생각하지도 못했습니다. 교회에서도 여자들이 더 영성이 있고 말씀도 잘 알아듣습니다. 게다가 얼마나 잘 참는지 모릅니다. 잘난 사람이 못난 사람을 섬기기가 어렵고 무시하기가 쉬운데, 재질이 좋은 여자가 흙인 남편을 무시하면 하나님의 영광을 드러낼 수 없습니다. 그래서 이 잘난 여자에게, 말도 안 되는 티끌 같은 흙으로 지어진 남편을 사모하는 벌을 주신 것입니다.

여자의 몸에서 예수 그리스도가 오셔야 하기에 이 벌을 잘 받아야 합니다. 중심을 잡으면서 잘 참다 보면 나의 인내를 통해 예수님께서 우리 가정에 오시는 것입니다. 예수님이 이 땅에 흙인 남자의 모습으로 오셨지만, 여자의 몸을 열 달 동안 빌려서 오셨습니다(갈 4:4). 남자의 후손이 아닌 여자의 후손으로 오셨습니다. 이 적용을 남자와 여자에 국한시키지 않고 내가 먼저 돕는 자가 되어서 남을 섬기고 약한 사람을 섬기면 됩니다. 하나님이 주신 게 많을수록 내 권(權)을 쓰지 않고 낮아지고 죽어져서 한 알의 밀이 되어야 합니다.

거기에는 발꿈치가 상하는 고통이 따릅니다. 살기 힘들면 그냥 이혼하고 싶은 것이 우리의 마음입니다. 굳이 십자가에 못 박히기가 싫습니다. 그러나 제가 제 인생에서 가장 잘했다고 생각하는 것은 이혼하지 않고 결혼을 지킨 것입니다. 제가 결혼 전에 입시와 성공을 위해 인내한 것은 결혼생활의 인내와는 비교도 할 수 없습니다. 그만큼 가정을 지키기가 어렵고 괴롭습니다. 그러나 이것이 최고의 면류관입니다. 남자든 여자든, 결혼은 지킬 가치가 있습니다. 어떤 남편이든 간에 다스림을 잘 받으면서 가정을 지킬 때 우리에게 축복이 됩니다. 힘든 결혼생활을 하시는 분은 그만큼 여러분의 재료가 좋은 것입니다. 수준이 높기에 하나님이 감당할 만한 형벌을 주시는 것입니다.

나에게 주어진 고통이 내 죄로 인한 형벌일지라도 구원을 위해 주신 것임을 알고 감사합니까? 우리 집안에 예수님이 오실 기회인데도 발꿈치가 상하는 고통도 당하기 싫어서 피하려고만 합니까?

남자에게는 노동을 형벌로 주신다

¹⁷ 아담에게 이르시되 네가 네 아내의 말을 듣고 내가 네게 먹지 말라 한 나무의 열매를 먹었은즉 땅은 너로 말미암아 저주를 받고 너는 네 평생에 수고하여야 그 소산을 먹으리라 ¹⁸ 땅이 네게 가시덤불과 엉겅퀴를 낼 것이라 네가 먹을 것은 밭의 채소인즉 ¹⁹ 네가 흙으로 돌아갈 때까지 얼굴에 땀을 흘려야 먹을 것을 먹으리니 네가 그것에서 취함을 입었음이라 너는 흙이니 흙으로 돌아갈 것이니라 하시니라 (창 3:17-19)

상수원에 독을 풀면 모든 물이 오염되듯이, 땅이 아담으로 인해 저주를 받았습니다. 그래서 흙이 엉겅퀴와 가시를 내고, 땀을 흘려야 소산을 먹을 수 있게 되었습니다. 그러니 얼마나 고생과 수고를 해야겠습니까. 하나님께서 이렇게 벌을 주셨기에 남자들에게는 인류 이래로 노동이 고통입니다. 남자들은 배우자가 바람피운 사건으로 하나님께 돌아오는 게 아니라 직장이 없어지고 일이 무너졌을 때 하나님께 돌아옵니다. 직장이 없는 남편을 돈 못 벌어 온다고 닦달하지 마십시오. "이제 하나님이 불러 주실 시간이구나" 하고 격려해 주는 것이 남편을 사모하는 아내의 처방입니다.

일이 수고와 노동이 되지 않고 기쁨과 즐거움이 되려면 일을 하나님의 벌로 잘 받아야 합니다. 그래서 아내는 남편이 땀을 흘리도록 잘 도와주어야 합니다.

미하이 칙센트미하이는 《몰입의 즐거움》에서 즐겁지도 중요하지도 않은 것들로 소일을 하며 자란 사람은 어른이 되어서도 인생에서 이렇다할 의미를 발견하기 어렵다고 했습니다. 어린 시절의 태도가 나중에 커서 일을 받아들이는 자세에 큰 영향을 미친다고 합니다. 직장 일에 몸과 마음을 쏟아붓는 사람은 자기가 하는 일이 중요하다고 느끼는 경향이 있습니다. 돈과 명예, 여가보다 현재 하는 일에 의미와 가치를 부여하고 몰입하는 사람이 자신의 삶이 행복하다고 느낄 가능성이 높다는 것입니다. 심드렁한 백수보다는 자신의 일을 사랑하는 목수가 더 큰 삶의 만족을 얻는 것입니다.

'열정'(Enthusiasm)의 어원에는 '신들린다'는 의미가 있습니다. 저는 대학 시절 아르바이트를 할 때는 아무리 바쁘게 살았어도 기쁘지 않았습니다. 그런데 지금은 몸이 너무 아프다가도 주일만 되면 정말 신들린 듯이 자리를 털고 일어나서 말씀을 전합니다. 돈 때문에 하라면 이렇게 할 수 없을 겁니다. 이것이 몰입과 집중의 힘입니다.

내가 가장 집중할 때는 누군가의 삶에 긍정적인 가치를 더할 때입니다. 남자는 노동이 형벌인데, 그것 때문에 내가 깨어져서 다른 사람을 살려야 합니다. 우리들교회 목장모임이 바로 그런 장소입니다. 목장모임을 하면서 리더십을 배우고 사람 사이의 관계에 대해서 배우는 것입니다. 말씀을 나누면서 집중하고, 말씀에 내 삶을 비추어 보면서 집중하게 됩니다. 이렇게 하나님께 집중하면 직장생활에서도 집중하게 되어, 벌을 잘 받을 수 있습니다. 수고의 형벌이 하나님의 복을 받게 해 주는 축복의 벌이 됩니다.

해산과 사모함의 고통, 노동의 고통으로 힘들어하고 있습니까? 고통 속에서 하나님의 뜻을 깨닫고 믿음으로 화합하며 형벌이 축복이 되는 경험을 하고 있습니까?

벌을 주신 목적은 영적 후손을 낳기 위해서다

20 아담이 그의 아내의 이름을 하와라 불렀으니 그는 모든 산 자의 어머니가 됨이더라 (창 3:20)

이렇게 아담이 양육을 잘 받고 나니 아내를 산 자의 어머니 하와라 부릅니다. 예수 그리스도의 어머니가 되었다는 이야기입니다. 축복의 벌을 받아서 남편을 원하고 해산의 고통으로 인생이 끝날 줄 알았는데, 예수님이 오셔서 산 자의 어머니로 칭함 받게 됩니다. 그동안에는 '살 중의 살, 뼈 중의 뼈'라면서 둘이서만 좋아하다가, 이제 고통을 통해 영적인 자녀를 낳는 목표를 갖게 되었습니다. 우리에게 영적 자녀 낳는 사명을 감당하라고 실직의 고난, 배우자의 고난, 자녀의 고난을 주십니다. 그 고난을 통해 내가 영적 후손을 낳고자 애쓰면 하나님께서 직접 가죽옷을 입혀 주십니다.

²¹ 여호와 하나님이 아담과 그의 아내를 위하여 가죽옷을 지어 입히시니라 (창 3:21)

그동안에는 무화과나무 잎으로 수치를 가렸습니다. 그러나 내 고난과 수치를 통해 전도하기로 결정하면 가죽옷을 지어 입히셔서 완벽하게 수치를 가려 주십니다. 어떤 간증을 해도 수치스럽지 않은 인생이 됩니다.

²² 여호와 하나님이 이르시되 보라 이 사람이 선악을 아는 일에 우리 중 하나 같이 되었으니 그가 그의 손을 들어 생명나무 열매도 따 먹고 영생할까 하노라 하시고 ²³ 여호와 하나님이 에덴동산에서 그를 내보내어 그의 근원이 된 땅을 갈게 하시니라 ²⁴ 이같이 하나님이 그 사람을 쫓아내시고 에덴동산 동쪽에 그룹들과 두루 도는 불 칼을 두어 생명나무의 길을 지키게 하시니라 (창 3:22-24)

가만히 앉아서 날마다 선악만 따지는 박사들이 영생하려고 생명나무까지 넘보는 것을 하나님은 용서하지 않으십니다. 생명의 주인이 예수님이기 때문입니다.

하나님은 에덴에는 이제 자물쇠를 채우시고 오직 예수님을 길로 삼아 들어가는 천국문을 열어 놓으셨습니다. 유전공학을 공부하고 복제인간을 만들어서 영원히 살고자 하는 것이 천국의 길이 아닙니다. 원죄로 더러운 육은 이 땅에서 형벌을 받고 흙으로 돌아가야 하고, 영이 천국에 가는 것이 하나님의 배려입니다.

무화과 잎으로 가릴 수 없는 나의 죄와 수치를 가죽옷으로 덮어 주신 간증이 있습니까? 죄와 고난도 영적 자녀를 낳기 위한 것임을 알고 전도와 양육에 힘쓰고 있습니까? 내 힘과 지식으로 생명나무를 해하려는 죄는 없는지 돌아보십시오.

말씀으로
기도하기

하나님이 나를 사랑하시기에 벌을 통해서 복을 주고자 하십니다.

뱀에게 저주의 벌을 내리십니다.(창 3:14)

인간을 타락하게 만든 뱀에게 저주를 선포하십니다. 무조건 잘된다고 기복(祈福)을 부르짖는 뱀 목사, 뱀 상담가가 아니라 선악과를 먹으면 '반드시 죽으리라' 말해 주는 지도자를 세워 주시고, 저 또한 그런 사람이 되게 하옵소서.

인간에게는 대안을 먼저 주십니다.(창 3:15)

예수 그리스도가 우리의 대안입니다. 사탄은 이미 저주의 심판을 받았고, 예수님의 십자가에서 결박되었으며, 재림의 때에 완전히 멸망할 것입니다. 부활의 주님을 바라보고 내 삶에서 십자가 지고 가며 사탄과의 전쟁에서 승리하게 하옵소서.

여자와 남자에게 축복의 벌을 주십니다.(창 3:16)

여자에게는 임신의 고통과 남편을 원하는 벌을 주시고, 남자에게는 노동을 형벌로 주십니다. 남편이 여자를 다스리는 벌을 주셨습니다. 힘든 결혼생활, 힘든 직장이라도 그 고난으로 하나님을 찾고 구하며 형벌이 축복으로 바뀌는 삶을 살게 하옵소서.

남자에게는 노동을 형벌로 주십니다.(창 3:17-19)

아담의 죄는 하나님의 명령보다 아내의 말을 들은 것입니다. 남자에게는 일, 직장 문제가 가장 큰 고난입니다. 그 고난으로 깨어져서 하나님을 찾고, 다른 사람을 살리는 데 쓰임 받을 수 있게 하옵소서. 형벌이 축복으로 바뀌게 하옵소서.

벌을 주신 목적은 영적 후손을 낳기 위함입니다. (창 3:20-24)

결혼과 가정의 고난을 통해 영적 자녀 낳는 것이 최고의 목표임을 알게 될 때 하나님께서 가죽옷을 지어 입히십니다. 나의 수치가 부끄러움이 되지 않고 영적 자손을 낳는 약재료가 되게 하옵소서. 저주의 벌이 축복의 벌로 바뀌어 영적 후손 낳는 사명을 감당하게 하옵소서.

우리들
묵상과 적용

4년 전 집을 나와 남편과 별거하고 있던 어느 날이었습니다. 남편이 없는 시간에 집에 잠깐 갔는데 남편의 이메일이 열린 상태로 컴퓨터가 켜져 있었습니다. '이혼하고 오빠와 하루만이라도 살아 보고 싶다'는 그녀의 메일, 그리고 '아이 엄마도 가정을 포기하고 나갔으니 너와 함께 살고 싶다'는 남편의 답장은 충격 그 자체였습니다. 사실 저는 결혼 후 제게 임한 저주들이 이해되지 않았습니다. 술 취한 남편이 무서워 떨었던 많은 날도, 출산일에도 남편이 술에 취해 있었기에 보호자도 없이 차가운 병원 소파에서 홀로 진통했던 일도 해석할 수가 없었습니다. 하나님께 묻지 않고 조건을 보고 한 불신결혼의 심판을 받으면서도, 말씀이 없는 무지함으로 내 능력을 믿으며 '어쩔 수 없는 이혼이니 이생에서도 천국에서도 난 영원히 잘살 수 있어' 하며 생명나무에 도전하려 했습니다.

아이가 셋이나 있는 첫사랑과 살고 싶다는 남편의 말은 제게 큰 저주로 다가왔습니다. 나는 하루도 살기 힘들었던 그를, 하루만이라도 살고 싶다는 그녀가 나타나니 남편을 원하는 마음이 불같이 타올랐습니다. 그리고 이 모든 사건이 제 마음대로 행한 불신결혼과 남편을 머리로 섬기지 못한 죄의 대가라는 것을 알게 되었습니다.

　말씀을 들으며 저의 죄를 깨닫고 가정을 지키기로 결단했더니 남편도 한동안의 방황을 끝내고 돌아와 주었습니다. 그리고 교회를 핍박했던 남편은 "마누라를 사람 만들어 준 교회가 고맙다"며 재작년에 교회에 등록했고, 최근에는 목장에도 꼬박꼬박 나오고 있습니다.

　얼마 전 남편은 목장에서 "집사람은 한 번도 월급날 고맙다는 말을 한 적이 없었다"는 나눔을 했습니다. 일하고 있는 남편에게 감사하지 못한 제 안에는 '남편이라면 당연히 돈을 벌어야지'라고 말하는 뱀의 후손 같은 마음이 살아남아 있습니다. 요즘 저희 집에는 남편이 가끔씩 막걸리 병을 들고 목사님의 인터넷 설교를 듣는 기괴한 풍경이 벌어집니다. 만약 4년 전 저주를 말씀으로 해석받지 못했다면 이런 남편을 이해하지 못하고 정죄하며 오히려 구원의 길을 막았을 것입니다. 아직도 남편의 술 문제가 해결되지 않아 힘들 때도 있지만, 이것이 축복의 벌이라는 것을 알고 나니 한결 가벼운 마음으로 감사하며 살고 있습니다.

기도

하나님께서 저를 사랑하셔서 잉태해서 자녀를 낳고, 남편을 원하고 다스림을 받으라는 명령을 주셨습니다. 그런데 이것이 고통스럽습니다. 저에게는 참을 능력과 살아갈 능력이 없습니다. 끊임없이 힘든 가운데서 외롭게 서 있을 수밖에 없습니다. 그러나 주님이 십자가를 지셨기에 발꿈치의 상처가 치유되었던 것처럼, 제게도 그런 힘을 주시옵소서.

우리 가정의 목적이 그저 잘 살아 보려는 것이기에 영적 후손을 내지 못하는 것을 불쌍히 여겨 주시옵소서. 거짓과 배신으로 고통당하고 있다면 이제는 그 고통과 수치를 통해 산자의 어머니로 거듭나기 원합니다. 우리만의 행복이 아닌 영적 자녀를 낳는 것이 부부의 목표, 가정의 목표가 되게 하옵소서.

자녀와 배우자, 직장 때문에 힘들어하는 지체들의 고통을 통해 예수 그리스도가 그 가정에 오게 하시옵소서. 주님께서는 고통 속에서 가정을 만들어 가시고 사람을 만들어 가십니다. 함께 가는 지체의 교제를 통해 승리하게 하여 주시옵소서. 같이 격려하고 어깨를 두드리며 걸어가길 원합니다. 예수님 이름으로 기도합니다. 아멘.

PART 3 하나님의 은혜

♥ ♥ ♥ ♥ ♥ ♥   다시 사랑

하나님 아버지,
죄의 소원이 끊임없이
올라오니다.
어떻게 죄를 다스려야 하는지
말씀하옵소서.

죄를 다스리며 승리하는 삶

창세기 4:1-7

1971년 스탠포드 대학의 심리학과 교수 필립 짐바르도 교수는 '교도소의 생활이 인간의 심리에 미치는 영향에 대한 연구'라는 제목으로 실험을 수행했습니다. 평범하고 병력이 없는 건강한 대학생 자원자들을 뽑아서, 2주간 스탠포드 대학 내에 만들어진 정교한 감옥 세트에 수감시킨 것입니다. 참가자들은 안대로 눈을 가리고 세트에 입소했기에 그곳이 진짜 감옥이라고 생각했습니다.

이들을 교도관과 죄수 두 부류로 나누고 각각 유니폼을 입혔습니다. 흥미로운 사실은, 둘째 날부터 이 참가자들이 진짜 교도관과 죄수가 된 것처럼 생각하고 행동하기 시작했다는 것입니다. 난동을 부리다가 교도관에게 제압을 당하면서 사흘째부터는 교도관들이 죄수들을 완벽하게 무력으로 통제하기 시작했습니다. 불과 3일 전만 해도 평범한 대학생이었던 이들이 말입니다.

5일째가 되자 죄수 역할의 한 참가자가 발작 증세를 일으켰고, 그를 실험에서 빼자 죄수들 안에는 "그가 탈주했다"는 동요가 일었습니다. 그러자 교도관들은 죄수들 안에 내부 고발자를 심었고, 감옥 내의 의심과 불신은 한층 증폭됐습니다. 일부 교도관들은 죄수들을 성적으로 학대했고 죄수들은 집단적 광기를 보이며 폭동을 일으켰습니다. 결국 실험은 중단되었습니다.

이 실험의 결과는 단 5일 만에 인간의 이성과 의지가 마비된다는 것을 보여 주었습니다. 교도관 역할을 맡았던 학생들은 나치들이 유대인을 핍박할 때 가했던 체벌과 똑같은 방식의 체벌을 고안해서 죄수 역의 학생들을 제압하려 했습니다. 인간 내부에 도사린 악마적인 본성은 이렇게 두려운 것입니다. 진정한 휴머니즘은 이 땅에 없다는 것을 이 실험이 보여주고 있습니다.

세상에서의 실험도 이렇게 인간이 모두 죄인이라는 것을 증명합니다. 아담과 하와가 선악과를 먹은 죄인이기에 그 후손인 우리도 백 퍼센트 죄인입니다. 그래서 우리가 할 일은 죄를 다스리는 것입니다.

여호와로 말미암아 죄를 다스려야 한다

¹ 아담이 그의 아내 하와와 동침하매 하와가 임신하여 가인을 낳고 이르되 내가 여호와로 말미암아 득남하였다 하니라 (창 4:1)

"여호와로 말미암아"는 "여호와의 도움으로"라는 뜻입니다. 우리의 죄는 여호와로 말미암지 않고는 다스려질 수 없습니다. 내게서 예수 그리스도의 후손이 출생되려면 아이를 낳아야 하는데, 그러려면 아내와 동침해야 합니다. 동침한다는 것은 깊이 안다는 의미입니다. 자녀를 출생하기 위해 부부간에 남이 알지 못할 깊은 유대감이 있어야 합니다. 영적 후손도 마찬가지입니다. 그렇지 않고는 누구도 전도할 수가 없습니다.

벌을 받아 쫓겨났지만, 이들에게 임신의 고통을 통해 자녀를 주시니 얼마나 기뻤겠습니까. 인류의 첫 후사가 생겨난 것입니다. 그런데 정말로 아이를 낳아 보니 그 고통이 너무나 심합니다. 고통을 당하고 아이를 낳으면서 하와가 "아담으로 말미암아 득남했다"고 하지 않았습니다. 여호와로 말미암아 득남했다고, 오직 내 고통을 다스릴 분이 하나님이신 것을 알게 된 것입니다.

아담과 하와가 낳은 가인은 최초의 인류가 되었습니다. '획득하다', '얻다', '세우다'라는 뜻을 가진 가인의 이름은 아담과 하와의 기쁨을 보여 줍니다.

> 2 그가 또 가인의 아우 아벨을 낳았는데 아벨은 양 치는 자였고 가
> 인은 농사하는 자였더라 (창 4:2)

그러나 기쁜 일만 있는 것은 아닙니다. 아벨의 의미가 무엇인지 아십니까? '허무하다', '공허하다'라는 뜻입니다. 이 땅에서 축복의 벌을 받으면서 회개했더니 가인을 주셨습니다. 획득하고, 얻고, 세우게 하셨지만 이들이 완전하지 않기에 둘째 아벨을 낳고는 허무함과 공허함을 느꼈습니다.

가인을 낳고 기뻤던 마음이 오래가지 않았습니다. 일시적으로 뭔가 받으면 무척 기쁘지만, 근본적인 회개 없이는 고통과 수고의 세상을 살면서 곧 허무해집니다.

그러나 문제가 없는 것이 문제이고, 문제가 있는 것이 문제가 없는 것입니다. 문제가 드러나야 말씀을 보고 나를 알게 되기 때문입니다. 그래서 "나는 죄가 없어요, 우리 집은 아무런 문제없이 행복해요"라고 말하는 사람들은 돌아오기가 참 어렵습니다. 죄의 기록부를 쓸 때 우리의 경건이 자라가기 때문입니다.

허무하다고 이름 지은 아벨은 양치는 자가 되었고, 가인은 농사하는 자가 되었습니다. 아담과 하와에게 올바른 부모의 롤모델이 없었기에, 이들이 인류 최초의 부모였기에 참 힘들었을 것 같습니다. 가시덤불과 엉겅퀴 사이에서 땀 흘려서 수고하고 벌을 잘 받는 것 같았지만, 결국 이들이 자녀교육에 실패하지 않았습니까.

처음 태어난 가인이 얼마나 예뻤을까를 생각합니다. 외로운 인생길을 가는데 자녀가 태어났으니, 나에게 모든 걸 획득하게 해줄 것 같은 자식이 눈에 넣어도 아프지 않았을 것입니다. 그러다 아벨을 또 낳았습니다. 그런데 늘 예쁨만 받던 가인이 동생을 보면서 사랑을 빼앗겼다는 생각에 시기와 질투를 하지 않았을까요. 그러면서 가인과 아벨이 싸우고 다투면 부모인 아담과 하와가 인생의 허무함을 느끼지 않았을까 생각해 봅니다.

제가 손녀를 보게 되니 예뻐하는 데는 참 답이 없습니다. 사랑과 재채기는 숨길 수가 없다는데, 손녀를 낳고 보니 너무나 예뻐서 객관적이 될 수가 없습니다. 그러다 둘째 손녀가 태어났는데, 그동안 첫째를 예쁘다 예쁘다 해온 것이 있어서 우리는 아직도 첫째를 부르짖습니다. 그러다 보니 첫째가 둘째 예쁘다고 남들이 말하는 것을 참지 못합니다. 누가 "동생 참 예쁘네" 하면 그 말에 얼굴이 일그러지고 떼를 씁니다. 그래서 인간이 어려서부터 죄인인 것을 봅니다.

아담과 하와도 가인과 아벨을 잘 다루지 못했습니다. 첫아이 가인이 그저 예뻤을 것입니다. 둘째 아벨에게는 그저 익숙해지는 것이 있었을 것입니다. 모두가 예쁘다고 떠받들어 가면서 키우는 아이들이 얼마나 시기와 질투의 화신이 되는지 모릅니다. 결국 아담과 하와의 자녀교육은 실패합니다. 한 아들은 죽고 한 아들은 그들의 곁을 떠났습니다. 그럼 왜 인생이 이렇게 허무할까요? 예배가 올바르지 않기 때문입니다.

오늘 내가 허무해하는 것은 무엇입니까? 나의 고통을 처리해 주실 분이 오직 하나님뿐이신데, 나는 무엇에 매달리며 내 고통을 호소하고 있습니까?

하나님께서 기뻐하시는 예배를 드릴 때 죄를 다스릴 수 있다

³ 세월이 지난 후에 가인은 땅의 소산으로 제물을 삼아 여호와께 드렸고 (창 4:3)

"세월이 지난 후에"는 '심사할 때가 가까웠다'는 의미입니다.

우리의 예배도 심사할 때가 옵니다. 내가 먹고사느라 바빠서, 자식 학원 보내고 공부 뒷바라지하느라 예배를 드리지 못했다는 것은 핑계입니다. 예배와는 상관없이 내 일이 바빠서 살다 보면 어느 날 인생이 허무하고 공허할 때가 옵니다. 그래서 입시를 치르고 난 엄마들이 아이들이 대학에 붙고 나서는 많이들 앓아눕는다고 합니다.

세월이 지나기 전에 하나님을 찾아야 합니다. 나의 예배가 참 예배였는지 아닌지는 시간이 지나면 심사를 받습니다. 아이가 대학에 붙어도 계속해서 섬기고 봉사하는 엄마가 있는가 하면, 대학에 붙으니 모든 봉사를 내려놓고 "내 할 일은 다 끝났다"고 하는 엄마도 있습니다. 마찬가지로 아이가 입시에 실패해도 계속해서 여전한 방식으로 섬기는 엄마가 있는가 하면, 대학에 떨어지면 교회마저 시들해지는 엄마도 있습니다. 이렇게 각자의 예배가 사건을 통해 심사받게 됩니다.

그러면 하나님이 받으시는 예배와 받지 않으시는 예배는 무엇일까요?

첫째, 가인의 예배는 하나님이 받지 않으셨습니다.

³ 세월이 지난 후에 가인은 땅의 소산으로 제물을 삼아 여호와께
드렸고 (창 4:3)

제사에 제물이 필요하듯이 우리의 예배에도 제물이 필요합니다. 어떤 본질, 어떤 콘텐츠를 가지고 예배를 드리는지가 중요합니다. 가인이 예배를 안 드렸습니까? 예배드렸습니다. 제물까지 열심히 드렸습니다. 그런데 여호와께서 받지 않으셨다고 합니다(5절).

예배는 성령의 열매를 가지고 가야 합니다. 사랑과 희락과 화평과 오래 참음과 자비와 양선과 충성과 온유와 절제(갈 5:22-23)를 가지고 가야 합니다. 그런데 많은 사람이 기복적으로 예배를 드립니다. 지식적으로 예배를 드립니다. 한 시간 채우는 식으로 일시적인 예배를 드립니다. 이런 예배를 주님이 받지 않으십니다.

> ¹¹ 여호와께서 말씀하시되 너희의 무수한 제물이 내게 무엇이 유익하뇨 나는 숫양의 번제와 살진 짐승의 기름에 배불렀고 나는 수송아지나 어린 양이나 숫염소의 피를 기뻐하지 아니하노라 ¹² 너희가 내 앞에 보이러 오니 이것을 누가 너희에게 요구하였느냐 내 마당만 밟을 뿐이니라 ¹³ 헛된 제물을 다시 가져오지 말라 분향은 내가 가증히 여기는 바요 월삭과 안식일과 대회로 모이는 것도 그러하니 성회와 아울러 악을 행하는 것을 내가 견디지 못하겠노라 ¹⁴ 내 마음이 너희의 월삭과 정한 절기를 싫어하나니 그것이 내게 무거운 짐이라 내가 지기에 곤비하였느니라 (사 1:11-14)

하나님께서 참지 못하겠다고 하십니다. 헌금을 있는 대로 들고 예배에 오는데 하나님이 싫다고 하시고, 아무리 많이 기도해도 듣지 않겠다고 하십니다. 우리가 교회 와서 예배 드려도 받지 않으시는 예배가 있다고 하십니다.

내가 거듭나지도 않고, 주님을 인격적으로 만나지도 않고 종교적인 위선을 가지고 예배를 드리기 때문입니다. 가치관은 하나도 바뀌지 않으면서 예수님을 종교로 믿기 때문입니다. 기독교는 종교가 아니라 '신분이 바뀌는 것'입니다. 그런데 존재의 의미도 모르고 예배의 행위만 나타내려고 하기에 주님이 그 예배를 받지 않겠다고 하시는 것입니다.

예수 믿고 가장 큰 은혜는 모이는 것입니다. 그런데 이 구원받은 공동체의 모임이 형식이 되면 분란과 비교, 시기와 질투가 일어납니다. 헌금을 많이 하면 축복받는다는 기복신앙이 머릿속에 꽉 박혀 있습니다. 우리는 하나님께 드릴 열매가 있어야 합니다. 십일조는 신앙의 고백과 눈물로 드리는 것이지, 사업이 잘되게 해 달라고 헌금을 하면 안 됩니다. "나는 망했지만 너만은…" 하면 안 됩니다. 모든 환경이 하나님을 만날 통로이기에 그 환경을 벗어나려고 헌금하고 예배드리는 것을 하나님은 받지 않으십니다.

둘째, 아벨의 예배는 하나님께서 받으셨습니다.

⁴ 아벨은 자기도 양의 첫 새끼와 그 기름으로 드렸더니 여호와께서 아벨과 그의 제물은 받으셨으나 (창 4:4)

아벨과 아벨의 제물은 받으셨습니다. 그러면 가인과 아벨 사이에는 무슨 차이가 있을까요? 제물의 종류가 문제입니까? 아닙니다. 가인은 땅의 소산, 많고 많은 곡식 중 일부를 하나님께 드렸습니다. 아벨은 얼마 되지 않는 양의 새끼 중 첫 새끼, 가장 좋고 기름진 것을 드렸습니다. '받으셨다'는 것은 '돕기 위해 둘러보셨다'는 의미입니다. 아벨과 그의 제물이 이렇게 하나님께 큰 관심을 받았습니다.

어쩌면 제물의 종류는 가인의 것이 더 좋았을지 모릅니다. 축복의 벌로 땀 흘려 수고하고 채소를 먹으라고 하셨으니 농사짓는 것이 더 훌륭해 보입니다. 반면에 아벨은 별로 드러나지도 않습니다. 피 흘림의 제사이기에 보기에도 별로 아름답지 않습니다. 하지만 가장 큰 정성으로, 부끄러운 마음으로 드렸기에 하나님이 기뻐하시는 제물이 되었습니다.

> [15] 너희가 손을 펼 때에 내가 내 눈을 너희에게서 가리고 너희가 많이 기도할지라도 내가 듣지 아니하리니 이는 너희의 손에 피가 가득함이라 [16] 너희는 스스로 씻으며 스스로 깨끗하게 하여 내 목 전에서 너희 악한 행실을 버리며 행악을 그치고 [17] 선행을 배우며 정의를 구하며 학대 받는 자를 도와주며 고아를 위하여 신원하며 과부를 위하여 변호하라 하셨느니라 (사 1:15-17)

이것이 바로 하나님이 받으시는 참된 예배입니다. 내가 이렇게 마음만 먹어도 하나님이 애타게 부르십니다.

> [18] 여호와께서 말씀하시되 오라 우리가 서로 변론하자 너희의 죄가 주홍 같을지라도 눈과 같이 희어질 것이요 진홍같이 붉을지라도 양털 같이 희게 되리라 (사 1:18)

죄가 문제가 아니라 스스로 씻지 않는, 회개하지 않는 마음이 문제입니다. 우리에게는 늘 죄를 원하는 마음이 있습니다. 선하게 행해야 한다는 것은 행위가 아니라 적용의 차원입니다. 말씀을 알면 알수록 적용이 풍성해지고 선행을 배우게 됩니다. 말씀을 알면 알수록 내가 얼마나 선행과는 상관없는 인간인지 알게 됩니다.

적용도 배워서 해야 합니다. 내가 학대받는 자를 도와주고자 해도 그 적용이 잘 안 되기에, 주일예배, 목장예배, 양육훈련을 통해 스스로 씻고 드러내는 회개를 해야 합니다. 그러면 주님이 이사야 1장 18절과 같이 "오라!" 하고 초청하십니다. 길이 열립니다. 모든 것을 드러내고 간증하는 것이야말로 내 죄가 희어지는 비결입니다. 그리고 이것이 하나님이 받으시는 예배입니다.

내 힘으로 죄를 안 지을 수 있습니까? 결단코 없습니다. 죄를 짓지만 그럼에도 불구하고 말씀 듣는 구조 속에서 회개하는 것이 필요합니다. 말씀 듣는 구조가 얼마나 중요한지 모릅니다. "믿는 자에게는 능히 하지 못할 일이 없다"를 외치며 이생의 축복만을 기대하면 안색이 변하고 슬퍼할 일이 옵니다.

> 19 너희가 즐겨 순종하면 땅의 아름다운 소산을 먹을 것이요 20 너희가 거절하여 배반하면 칼에 삼켜지리라 여호와의 입의 말씀이니라 (사 1:19-20)

그러나 가인이 결국 돌아오지 않고 칼에 삼켜지는 인생을 살았습니다. 하나님이 계속해서 양육해 주셔도 선택은 나의 몫입니다. 내가 회개하고 드러내기로 작정하면 하나님이 기쁘게 "오라!" 하십니다.

나의 예배는 어떻습니까? 내 삶의 현장에서 십자가 지기로 결단하고 주님께 나와 찬양하며 기도하는 바라크의 복을 누리고 있습니까? 눈에 보이는 형식과 내 열심으로만 예배드리고 있습니까?

먼저 분노를 다스려야 한다

> 5 가인과 그의 제물은 받지 아니하신지라 가인이 몹시 분하여 안
> 색이 변하니 (창 4:5)

예배가 잘못되면, 나 자신이 하나님과의 관계가 바르지 못하면, 똑같이 앉아 있어도 가인의 예배와 아벨의 예배로 나뉩니다. 아벨의 예배는 십자가를 지는 예배고, 가인의 예배는 모양만 있는 예배입니다. 잘못된 예배의 결과로 분노가 옵니다. 하나님이 가인과 자신의 제물을 받지 않으시자 가인은 몹시 분해서 안색이 변했습니다. 내 아이가 대학에 떨어지면 가슴이 벌렁벌렁하고 몹시 근심합니다. 그런데 한 발 더 나가서 아벨의 아들이 붙으면 아벨을 맹렬하게 시기하게 됩니다.

오죽하면 동생을 쳐 죽였겠습니까. 예외가 없습니다. 아벨과 그의 제물을 받으신 것을 배우면 되는데 가인은 몹시 분해하고 안색이 변했습니

다. 어떤 교회가 부흥하면 왜 부흥하는지 배우면 되는데, 시기하고 분해서 펄펄 뛰는 교회들이 있음을 봅니다. 하나님을 신뢰하지 않기 때문입니다.

> **6** 여호와께서 가인에게 이르시되 네가 분하여 함은 어찌 됨이며 안색이 변함은 어찌 됨이냐 **7** 네가 선을 행하면 어찌 낯을 들지 못하겠느냐 선을 행하지 아니하면 죄가 문에 엎드려 있느니라 죄가 너를 원하나 너는 죄를 다스릴지니라 (창 4:6-7)

죄가 너를 원하지만 죄를 다스리라고 하십니다. 내가 처한 환경이 힘들면 악이 불붙듯 올라오지만, 그래도 죄를 다스리라고 하십니다. 일거리가 없어도 너의 죄를 다스려라, 상사가 미워서 죽을 지경이지만 죄를 다스려라, 배우자와 자녀가 속을 썩여도 너의 죄를 다스려라. 이것이 일관된 하나님의 메시지입니다. 여전히 내가 분하다면 예배를 잘못 드리는 것입니다. 내가 한 것을 몰라준다고, 나를 인정해 주지 않는다고 억울해서 나의 안색이 몹시 변하면 내 예배가 잘못된 것입니다. 몹시 분할수록 구원이 그만큼 더디 갑니다.

> **4** 믿음으로 아벨은 가인보다 더 나은 제사를 하나님께 드림으로 의로운 자라 하시는 증거를 얻었으니 하나님이 그 예물에 대하여 증언하심이라 그가 죽었으나 그 믿음으로써 지금도 말하느니라
>
> (히 11:4)

히브리서 11장 4절에는 아벨의 제사에 대해 가인보다 더 나은 제사를 드렸다고 했습니다. 하나님께서 원하시는 제사는 십자가의 제사, 피의 제사입니다. 남편을 섬기고, 죄의 소원을 다스리고, 해산하고 임신하는 고통, 노동하는 고통이 십자가의 고통입니다. 이 고통의 문제를 가지고 하나님께 손들고 나아가야 합니다.

싫은 부모와 배우자를 다 버리고 헌금만 내고 교회에 나오는 것이 가인의 예배입니다. 하나님이 그 제사를 받기 싫다고 하십니다. 헌금을 얼마 내느냐가 중요한 게 아니라, 내 삶의 현장에서 남편에게 순종하고, 아내를 사랑하고, 아이가 가출해도 끝까지 기다리고, 관계와 질서에 얼마나 순종하느냐가 중요합니다. 그런 순종을 하나도 하지 않으면서 헌금만 열심히 드리겠다는 예배를 하나님은 받지 않으십니다.

아벨의 예배는 십자가의 예배입니다. 가죽옷이 나의 모든 부끄러움을 감추어 주듯이, 아무리 힘든 고난 속에서도 십자가를 잘 지면 하나님이 가려주셔서 부끄러울 것이 없습니다.

인간의 의(義)로는 구원될 수 없습니다. 내 힘으로 구원받을 수 있다면 무엇 때문에 십자가를 지는 적용을 하겠습니까. 오직 하나님이 상급이 되시고 우리를 도와주셔야 합니다.

항상 나를 가장 힘들게 하는 것은 가까운 사람입니다. 가장 맹렬한 시기심이 일어나는 대상이 형제라고 합니다. 죽이고 싶은 대상이 바로 형제인 것입니다. "우리 집은 너무나 아름답고 화목하고…." 이런 말을 하지 마십시오. 사람에게는 기대할 것이 없습니다. 별 인생이 없습니다. 그래서 우리는 오직 여호와로 말미암아 죄를 다스려야 합니다. 때가 이르러야 거

둡니다. 알아주지 않는다고 분해하지 마십시오. 알아주지 않는다고 분해하면 내가 드린 묵상과 예배와 봉사가 무효가 되는 것입니다.

하나님께서 가인을 계속 양육해 주시는데도 가인은 하나님의 말씀을 듣지 않습니다. 내 힘으로는 죄를 다스릴 수가 없습니다.

욕심과 탐심을 어떻게 다스릴까요? 7절에서는 선을 적극적으로 행하라고 말씀하십니다. 우리는 선을 행하는 법도 배워야 합니다. 가장 단순하지만 파워풀한 것은 공동체에서 나누고 격려하고, 교훈을 받으며 말씀 듣는 구조 속에 머물러 있는 것입니다.

한 정신과 전문의가 이런 글을 썼습니다.

당신은 잘 버리는 사람인가? 나는 자료, 책, 편지, 일기장이 나의 분신처럼 생각되어 버리질 못한다. 감정을 버려야 하는데 버리지 못할 때는 그 대상에 대한 친밀감과 나름의 필요가 있기 때문이다. 어떤 남성은 행복하게 살고 싶다고 말하면서 한결같이 상처가 있고 불행한 여자를 만난다. 상처가 있는 사람과 만날 때 그의 정서적인 친밀감이 극대화되기 때문이다. 그는 우울한 어머니 밑에서 자라서 우울한 여자를 만날 때 편안함을 느끼는 것이었다. 오히려 행복한 여성에게는 이질감을 많이 느낀다. 처음에는 불편한 옷 같았지만 이제는 그런 우울한 감정이 피부가 된 것이다.

그래서 버리는 것이 채우는 것보다 한 수 위입니다. 욕심으로 채우지만 버릴 때는 지혜가 필요하기 때문입니다. 우리는 버리려고 애쓰지 말고,

욕심으로 채우는 것부터 조심해야 합니다. 말씀 듣는 구조 속에서 날마다 하나님의 말씀을 채우면 버려야 할 것들이 가지치기 됩니다. 그러면서 죄를 다스려야 합니다.

내가 분노하고 안색이 변하는 사건은 무엇입니까? 자녀의 문제, 배우자의 문제, 다른 사람의 판단으로 발끈한다면 나와 하나님과의 관계를 돌아보아야 합니다. 말씀을 듣는 구조에서 오픈하고 나누게 해 달라고, 자존심을 내려놓게 해 달라고 기도합시다.

말씀으로
기도하기

우리 모두는 백 퍼센트 죄인입니다. 내 힘으로는 죄를 다스릴 수도 이길 수도 없습니다. 오직 여호와의 말씀과 예배에 집중할 때 예수 그리스도의 이름으로 죄를 다스리며 승리하는 삶을 살 수 있습니다.

여호와로 말미암아 죄를 다스려야 합니다.(창 4:1-2)
아담과 하와가 동침하여 '획득하다, 얻다, 세우다'의 뜻인 가인을 낳았습니다. 그런데 둘째의 이름은 '허무, 공허'라는 뜻의 아벨입니다. 여호와께서 얻게 하셨다고 감사하다가도, 달라지지 않는 환경으로 힘겨워 하니 불쌍히 여겨 주옵소서.

하나님께서 기뻐하시는 예배를 드릴 때 죄를 다스릴 수 있습니다.(창 4:3-4)
가인은 자기 열심으로 성령의 감동이 없는 형식적인 예배를 드렸기에 하나님이 받지 않으셨습니다. 많은 소산 중에 일부를 드린 가인과 달리 아벨은 없는 중에도 부끄러운 마음으로 최선의 것을 드렸기에 받으십니다. 십자가의 희생과 인내를 감당하며 믿음으로 하나님만 바라보는 예배를 드리게 하옵소서. 많은 것을 가지고 계산하면서 드리는 예물이 아니라, 없는 중에도 최선의 것을 드리며 남을 돕게 하옵소서.

먼저 분노를 다스려야 합니다.(창 4:5-7)

가인은 자기가 수고해서 제물을 드렸다고 생각하기에 생색과 화가 납니다. 몹시 분하여 안색이 변하고, 잘못된 예배의 결과로 분노가 옵니다. 그런 가인의 마음을 아시는 하나님은 '죄를 다스리라'고 하십니다. 아벨을 분노의 대상으로 삼지 말고 그를 통해 내가 얼마나 죄인인지를 깨닫게 하옵소서.

우리들
묵상과 적용

저는 믿지 않는 가난한 가정에서 태어나 자랐지만 공부를 잘하는 데다가 외향적인 성격 덕분에 어딜 가나 인정받으며 살았습니다. 학교를 졸업하고 대기업에 입사하여 남편을 만났고, 남편은 퇴근만 하면 스토커처럼 따라붙어서 저는 그것이 사랑인 줄 알고 남편을 믿고 결혼했습니다. 그러나 결혼 후 남편은 태도가 돌변하여 전제군주처럼 군림하기 시작했고 우리 부부는 인격적인 교제와 삶을 나눌 수 없었습니다.

남편은 청년 때에 믿음생활을 하였으나 나와 불신 교제를 하면서 결혼 후에는 아예 교회를 다니지 않았습니다. 그리고 직장을 옮기면서 다른 여자와 눈이 맞아 집을 나가 버렸습니다. 남편은 새로 만난 여자와 점을 보고 다니면서, 나랑 살면 자기가 죽는다고, 자기를 살릴 여자는 그 여자라고 하며 이혼하자고 난리를 쳤습니다. 저와 아이들은 시어머니께 더부살이를 하면서 시어머니를 따라 열심히 교회를 다니게 되었고 '내가 신앙생활을 잘하면 남편이 돌아오겠지' 하는 마음으로 기다렸습니다.

그러나 아담과 하와가 가인을 낳고 모든 것을 획득한 줄 알았으나 아벨을 낳고 나서 허무했던 것처럼 남편은 돌아오지 않고 나의 삶은 점점 허무해졌습니다.

끝내 아무것도 얻은 것 없이 힘들고 지친 저는 아이들 교육을 핑계로 다시 서울로 오게 되었고 부산에서 CTS 기독교 방송을 통해서 알고 있던 우리들교회를 찾았습니다. 서울에 올라와서는 남편의 마음을 얻기 위해서 몸이 부서져라 일했고, 결국에는 디스크 수술을 하게 되어 비로소 하나님의 은혜로 모든 것을 내려놓고 온전히 예배를 회복했습니다.

디스크 수술을 하고 나서부터는 "예수 믿어서 네가 이렇게 되었다"며 남편의 핍박이 본격적으로 시작되었습니다. 아내인 내가 예수를 믿어서 자기가 아파 죽게 생겼다고 했고, 옛날에는 부모가 아프면 자식이 살덩이를 떼어주었다며 '이 시점에서 아빠의 몸을 치료하는 것이 가장 우선되어야 할 중요한 일'이라고 아들에겐 하루 종일 안마를 시키고 뜸을 뜨라고 하였습니다.

저는 남편에게 죄의 소원이 올라오는 것을 보면서 하나님 자체가 상급이 되지 못한 내 모습을 깨달았고, 힘든 현실을 다같이 겪어 가면서 성령의 열매로 나아가는 것을 아들에게 보여 주지 못하는 나의 악을 보며 죄를 다스릴 수 있게 되었습니다.

내 힘으로 할 수 있는 것이 아무것도 없다는 것을 알게 되면서 더욱 예배를 사모하게 되었고, 목장에서 순종하는 역할모델들을 보면서 하나님만이 내 죄를 다스릴 수 있다는 고백을 드리게 되었습니다. 남편이 자기 자신에 대한 정죄감으로 그것이 분노가 되어 자신을 괴롭히고 주위 사람도 괴롭히는 것이 이제는 해석이 되어 남편을 이해하게 되었습니다.

아들과 큐티를 하면서 그동안 질서와 역할에 순종하지 못했던 내가 얼마나 악했던가를 알게 되었고, 아들은 말씀에 은혜를 받으면서 그래도 제일 힘든 사람은 아빠라고 했습니다. 아빠가 마사지 학원을 다니라고 하자 아들은 "아빠 마음을 제가 알았으니까 다음에 다니면 안 될까요?" 하며 아빠에게 진심으로 순종하며 섬기는 모습을 보여 주었습니다. 그러자 남편은 놀랍게도 선뜻 그러라고 했습니다.

　질서와 역할에 순종하는 아들을 보면서 이제 약속의 하나님을 바라보며 축복의 벌을 잘 받기 원하고, 발꿈치를 상하는 고통에도 감사하며 기쁨으로 살기를 원합니다. 나는 할 수 없었지만 하나님께서 끝까지 참고 인내하시며 내가 설득될 때까지 기다려 주신 것처럼, 나도 남편이 설득될 때까지 참고 인내하며 삶으로 본을 보여 줄 것을 결단해 봅니다.

기도

하나님 아버지, 죄를 다스리라고 하시는데, 죄의 소원이 끊임없이 올라옵니다. 주님이 주신 것이 너무나 많음에도 불구하고, 사업도 안 되고, 승진도 안 되고, 남편의 바람과 자녀의 말썽에 지쳤습니다. 자녀와 배우자를 위해 열심히 일한 것 같은데, 세월이 지난 후 심사할 사건이 오니 모든 것이 공허하고 외롭고 슬프기만 합니다.

욕심을 버리라 하시는데 어떻게 버려야 할지도 모르겠습니다. 하나님께서 가인을 양육해 주시는데도 어떻게 할지를 몰라서 아벨을 죽인 것을 보면서, 내 죄의 뿌리가 이렇게 끈질긴 것을 봅니다. 불쌍히 여겨 주시옵소서. 나의 모든 것들이 십자가에 아벨의 피 제사로 드려져야 하는데, 아직도 분노 가운데 죄를 다스리지 못하고 인생을 탕진하는 것을 불쌍히 여겨 주시옵소서.

내 의지로는 모든 걸 버릴 수 없지만 지금부터 공동체에서 욕심을 버려 가는 훈련, 가지치기하는 훈련을 잘 받도록 도와주시옵소서.

특별히 형제간에 반목하고 질시하는 우리 가정을 위해 기도합니다. 형제가 잘되는 것을 시기할 뿐 아니라 죽이고 싶을 만큼 미워하는 게 우리라 하십니다. 이 문제를 예수의 이름으로 극복하기 원합니다. 우리 속의 더러움을 보시고, 너희 죄가 진홍같이 붉어도 오라고 하시니 공동체에서 드러낼 때 양털같이 희어지는 은혜를 허락해 주시옵소서. 내가 분노하며 안색이 변함은 하나님과의 관계가 올바르지 않고 하나님만이 상급이 되시지 않기 때문입니다. 내 힘든 이유를 깨닫고 죄를 다스리도록 은혜 주시옵소서. 흔들어 깨워 주시옵소서. 예수님의 이름으로 기도합니다. 아멘.

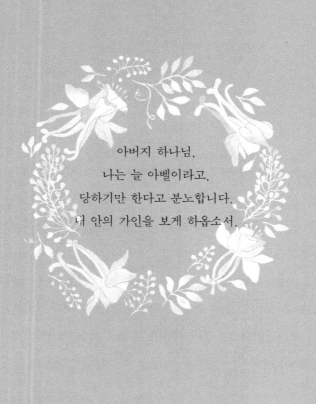

아버지 하나님,
나는 늘 아벨이라고,
당하기만 한다고 분노합니다.
내 안의 가인을 보게 하옵소서.

chapter 12

가인의 표

창세기 4:8-15

끔찍하고 잔인한 죄일지라도 살인을 저지른 사람들 중 많은 수가 회개하고 천국에 갑니다. 그런데 살인하지 않은 사람들은 오히려 자기 죄를 몰라서 천국에 가지 못하는 경우가 많습니다. 살인보다 더 큰 죄는 '회개하지 않는 죄'이기 때문입니다.

살인을 하나 하지 않으나 우리는 다 똑같은 죄인입니다. 구제할 길 없는 가인의 미움과 분노, 살인과 거짓말이 있지만 살인은 수많은 죄 중의 하나일 뿐입니다.

가인은 빗나간 예배로 살인을 범했다

8 가인이 그의 아우 아벨에게 말하고 그들이 들에 있을 때에 가인이 그의 아우 아벨을 쳐죽이니라 (창 4:8)

인류 최초의 살인이 무엇 때문에 행해졌는지 주목하십시오. 돈이 없어서 인류 최초의 살인이 난 것이 아닙니다. 빗나간 예배 때문에 살인이 일어났습니다. 이 일 이후로 사탄은 인류가 예배를 드리지 못하도록 끊임없이 공격하고 있습니다. 불신자는 신자의 예배를 핍박하고, 신자는 예배를 더 잘 드리는 사람을 핍박하면서 계속해서 올바른 예배를 방해합니다. 이것이 사탄의 전략입니다. 그래서 예배를 위한 순교의 피가 얼마나 많이 뿌려졌는지 모릅니다. 시간과 재물과 감정, 그리고 정성을 드려서 예배하는 것이 우리 인생의 목적입니다.

8절을 보면 가인이 그 아우 아벨에게 말했다는 표현이 나옵니다. 여기서 말했다는 것은 '지시하다, 청하다, 명하다'라는 뜻을 가집니다. 가인이 아벨과 대화를 한 게 아니라 하나님께서 가인에게 말씀하신 것을 아벨에게 말했다는 뜻입니다.

빗나간 예배의 한 형태에 직통계시가 있습니다. "내가 너를 위해서 하는 이야긴데…" 하면서 하나님을 빙자하는 것입니다. 하나님의 말씀을 듣지도 않고 하나님의 자리에서 지도자 역할을 하려는 사람이 많습니다. 이런 사람을 주의해야 합니다.

남들이 보기엔 아벨보다 가인이 획득한 것이 많은 인생이었을 것입니다. 그런 가인이 열심히 예배를 드렸겠지만 가인은 하나님 마음에 합한 자가 아니었습니다. 그의 제사를 하나님이 받지 않으셨습니다.

자기 마음대로 "하나님께서 네가 이렇게 행동하면 심판하신다고 했어. 그렇지 않으면 집안이 망한대" 이런 식의 말을 함부로 말하는 것이 가인의 모습입니다. 그리고 나서 들에서 아벨을 쳐 죽입니다. 원어로는 "그리고 그가 일어났다. 그리고 그가 아벨을 죽였다"라고 표현되어 계획적인 살인임을 분명히 보여줍니다. 빗나간 예배를 드리는 사람은 직통계시로 하나님의 말씀을 빙자해서 아무렇게나 이야기하고 계획적으로 사람을 죽입니다.

가인은 하나님께서 그렇게 경고하셨어도 죄의 소원을 다스리지 못했습니다.

하나님께서 말씀으로, 큐티로 경고를 하셨어도 다스리지 못하는 죄가 있습니까? 마음은 없고 형식뿐인 예배로 제사를 드리고 있진 않습니까?

가인은 자기중심적인 거짓말을 했다

자기 자신에만 관심이 있을 때 잘못된 예배가 행해집니다. 빗나간 예배를 드리게 될 때 자기중심적인 거짓말이 나옵니다.

> 9 여호와께서 가인에게 이르시되 네 아우 아벨이 어디 있느냐 그
> 가 이르되 내가 알지 못하나이다 내가 내 아우를 지키는 자니이
> 까 (창 4:9)

아담에게는 "네가 어디 있느냐"로 찾아오신 하나님께서 가인에게는

"네 아우 아벨이 어디 있느냐"고 물으십니다. 내가 예수님을 믿고 나면 형제를 챙겨야 합니다. 가인과 아벨이 함께 예배드리다가 미움이 발전해 살인이 되었는데, 가인은 아우가 어디 있는지 알지 못한다고 답하고 있습니다.

주님은 가인이 말을 듣지 않아도 계속 찾아오셔서 양육해 주십니다. 계속해서 기회를 주시는데 가인은 그때마다 딴소리를 하고 있습니다. "내가 내 아우를 지키는 자니이까?" 내가 알 게 뭐냐고 하는 것입니다.

부모인 아담과 하와가 선악과를 따 먹었고 인류에게 죄가 들어왔습니다. 그리고 얼마 지나지 않아서 형이 동생을 살인합니다. 죄가 이렇게 무섭게 확산됩니다. 아담의 죄가 택함받은 자의 연약한 죄라고 하면, 가인의 죄는 완악한 자의 죄입니다. 미움이 살인이 되고 거짓말이 되어 죄가 눈덩이처럼 불어갑니다.

가인이 "내가 내 아우를 지키는 자니이까"라고 한 것을 보십시오. 나는 동생과 다르다는 뜻입니다. 자신과 종류가 다른 동생이 필요 없다고 하는 것입니다. 나와 잘 맞는 사람과만 교제하려는 태도는 심각한 죄입니다. 교회에서도 가정에서도 종류가 다른 사람이 모여서 형제가 되고 연합해야 합니다. 그러기 위해 나를 버리고 상대방을 채우는 고통이 있습니다. 자기중심적인 거짓말을 하면서 내 구미에 맞는 사람들만 옆에 두는 것은 형제를 미워한 가인과 다를 바 없는 죄악입니다. 하나님의 명령을 교묘하게 왜곡하면서 자기를 경배하는 것과 마찬가지입니다.

'내가 알게 뭐냐. 내가 아내, 부모를 지키는 자냐' 하면서 싫은 사람과는 함께 있기 싫어서 말 통하는 사람과만 교제하려고 합니까?

하나님은 가인을 사랑하시기에 저주를 선포하신다

¹⁰ 이르시되 네가 무엇을 하였느냐 네 아우의 핏소리가 땅에서부터 내게 호소하느니라 ¹¹ 땅이 그 입을 벌려 네 손에서부터 네 아우의 피를 받았은즉 네가 땅에서 저주를 받으리니 ¹² 네가 밭을 갈아도 땅이 다시는 그 효력을 네게 주지 아니할 것이요 너는 땅에서 피하며 유리하는 자가 되리라 (창 4:10-12)

하나님께서 가인에게 저주를 선포하십니다. 아무리 일을 해도 효력을 얻지 못하고 땅에서 피하며 유리하는 자가 되리라 하십니다. 피의 본질은 생명인데, 살인해서 흘려질 때 가장 더러운 것이 됩니다. 땅에 흘린 아우의 피가 하나님께 호소하기에 가인의 죗값은 반드시 받게 되어 있습니다.

저주의 구체적인 결과가 12절에 나옵니다. 아무리 노력해도 넘어설 수 없는 한계를 늘 느끼며 영육간에 고달픈 생활을 하게 되는 것입니다. 늘 요동하고 중심을 잡지 못하고 죄의 문제를 해결하지 못해서 평화가 없습니다. 돈을 벌어도 외롭고 슬프고 공허할 따름입니다. 결국 가인은 하나님과도 단절되고 가족과도 단절된 삶을 살았습니다. 가인이 이 땅에서 획득하고, 얻고, 모든 것을 가졌지만 그것으로 미워하고 분노하고 살인했습니다. 이것이 형벌입니다.

그럼에도 하나님은 계속해서 회개를 기다리시며 선포하십니다. 이것은 저주가 아니라 사랑의 처방입니다. 아이를 키우면서 엄마들은 "너 다섯 셀 때까지 잘못했다고 하지 않으면 매 맞는다!"라는 말을 종종 합니다. "하나, 둘, 셋, 넷" 하고도 "넷 반, 넷 반의 반⋯ 정말 맞는다!" 하다가 끝까지 아이가 잘못했다고 하지 않으면 혼내는 것입니다. 그런데도 가인이 회개하지 않습니다. "제가 아벨을 죽였어요. 용서해 주세요" 그 말을 하지 못합니다. 하나님이 선포하시는 끝없는 사랑을 알지 못합니다. 결국 맞는 수밖에 없습니다.

모든 것을 가졌음에도 비교하고 분노하고 남의 것을 탐하는 죄가 있습니까? 자존심을 지키느라 회개의 기회를 놓치진 않습니까?

가인은 끝까지 회개하지 않았다

13 가인이 여호와께 아뢰되 내 죄벌이 지기가 너무 무거우니이다

(창 4:13)

회개가 안 되는 것이 가증스런 죄의 특징입니다. 하나님의 사랑의 처방을 들어도 가인의 대답은 "내 죄벌이 지기가 너무 무거우니이다"입니다. 내가 당하는 것이 말이 안 된다고 합니다. 남편이 바람피우는 것을, 집

안이 망한 것을, 자식이 엇나가는 것을 견딜 수가 없다고 합니다. 자기 죄의 무게를 느끼지 못하고 자신의 고통만 생각합니다.

요한일서 1장에서는 "만일 우리가 우리 죄를 자백하면 그는 미쁘시고 의로우사 우리 죄를 사하시며 우리를 모든 불의에서 깨끗하게 하실 것이요"(요일 1:9)라고 했습니다. 내가 자백만 하면 깨끗하게 해 주시는데 회개하지 않아서 망합니다. 하나님이 찾아오셔서 양육해 주시는데도 "내가 왜 회개하냐, 바람피운 남편이 죄인이지" 하는 것이 가인입니다. 하나님을 알지 못하는 남편이 어떻게 회개하겠습니까.

> ¹⁴ 주께서 오늘 이 지면에서 나를 쫓아내시온즉 내가 주의 낯을
> 뵈옵지 못하리니 내가 땅에서 피하며 유리하는 자가 될지라 무릇
> 나를 만나는 자마다 나를 죽이겠나이다 (창 4:14)

주님이 처방하시는데 가인이 뭐라고 합니까. "주님이 나를 쫓아낸다고 하셨잖아요, 믿을 사람 아무도 없네" 하는 투입니다. '주의 낯을 뵈옵지 못하리니'라는 것은 하나님이 도우시지 않는다는 불평입니다. 죽을까 두렵다는 것입니다.

죄책감이 해결되지 않으면 죽을 것 같은 일들만 있습니다. 돈이 없어서, 이혼을 못 해서, 사업이 망해서, 자식이 창피해서 죽을 것 같은 일들 속에서 남들이 다 나를 죽일 것 같은 피해의식이 가득합니다.

하나님의 처방에 말꼬리를 물고 늘어지고, 내 편이 이 세상에 아무도 없다면서 발악을 하는 가인을 보며 어떤 사람들은 "너무 안됐다" 할 것입

니다. 그러나 이것이 회개하지 않는 죄의 과정임을 보아야 합니다.

하나님이 저주하시는 것 같지만 말씀으로 처방하십니다. 회개하기를 바라십니다. 가인이 이렇게 말해서는 안 되는 것입니다.

가인이 계획적으로 살인을 하고 자기중심적인 거짓말을 했습니다. 그러면서도 전혀 회개하지 않았습니다. 우리에게도 하나님께서 찾아오셔서 "네 아우 아벨이 어디 있느냐"라고 물으시면 무어라 하겠습니까. 여러분은 이 가인의 죄 중 어디쯤에 서 계십니까. 가장 무서운 죄는 회개하지 않는 죄입니다.

〰〰

나의 죄를 보지 못하고 남 탓을 하며 억울한 마음을 가지고 있습니까? 회개의 기회를 저버리고 피하는 인생을 선택하진 않습니까?

하나님은 가인을 끝까지 사랑하셨다

¹⁵ 여호와께서 그에게 이르시되 그렇지 아니하다 가인을 죽이는 자는 벌을 칠 배나 받으리라 하시고 가인에게 표를 주사 그를 만나는 모든 사람에게서 죽임을 면하게 하시니라 (창 4:15)

그러나 하나님이 가인을 끝까지 사랑하십니다. 가인에게 표를 주셨듯이 구약에는 도피성 제도가 있었습니다. 살인을 하고 나서 회개할 기간,

유예 기간을 주십니다. 구약의 도피성과 같이 가인을 죽이는 자는 벌을 일곱 배나 받게 하시리라고 망극하신 하나님의 사랑을 보여주십니다. 여호와로 말미암아 득남한 최초의 인류가 기가 막힌 죄를 범했지만 그에게 약속의 표를 주시는 것이 하나님의 마음입니다.

개인적인 보복이 자행되면 질서가 깨지기에 인간적으로 보복하지 말라고 약속의 표를 주십니다. 죄지은 사람을 흉보고 미워하고 욕하면 내 옆의 가인을 죽이는 것입니다. 남편도, 아내도, 사장도, 부하도, 자녀도 오직 하나님만이 벌하실 수 있습니다. 예수님은 세리와 창녀들이 하나님 나라에 먼저 들어가리라고 말씀하셨습니다(마 21:31). 그래서 우리가 손가락질하면서 저주받을 자라고 욕할 사람은 아무도 없습니다.

끊어지지 않는 하나님의 애타는 사랑에도 불구하고 가인은 결국 하나님 곁을 떠납니다. 자기 죄를 보지 못하고 떠났습니다. 우리 역시 오늘 어떤 죄가 가장 큰지를 알아야 합니다.

사랑에는 대가가 따른다

10 이르시되 네가 무엇을 하였느냐 네 아우의 핏소리가 땅에서부터 내게 호소하느니라 (창 4:10)

끝까지 사랑하려면 대가를 치러야 합니다. 예수님이 십자가에서 죽으셨듯이, 아벨이 주님의 표상이 되어 순교했듯이 대가가 필요합니다.

오늘 하나님께 아벨의 핏소리가 호소했다고 합니다. 소리를 지를 수 없는 피가 소리를 질렀다고 합니다. 어디에도 말할 수 없는 나의 고통을 하나님이 다 아시고 듣고 계십니다.

연약하고 돈 없어서 당하는 사람을 여러분이 무시하면 그 핏소리가 하나님께 상달될 것입니다. 힘겨운 일로 신음하는 사람을 정죄하고 무시하면 그 핏소리가 하나님께 상달될 것입니다.

죽을 것 같은 상황에 있습니까? '죽으면 죽으리라' 하고 담대하게 나가야 하는데 덜덜 떨고 두려워하기 때문에 아무도 변화되지 않습니다. 내가 순교하더라도 그 가정을 지키면 예수님의 후손이 줄줄 나올 것입니다.

가인이 들에서 아벨을 쳐 죽였는데 죽이려는 사람을 어떻게 피하겠습니까. 그러나 아벨이 죽는 이유는 오직 하나, 하나님이 기뻐하시는 제사를 드렸기 때문입니다. 내가 아벨이라면 예수님을 믿어서 죽임당할 일이 이제 기다리고 있겠구나, 이렇게 적용하면 됩니다. 예배 때문에 죽고 미움받을 일이 기다린다고 작정하면 됩니다. 수많은 믿음의 선진들이 예수님 믿어서 잘되기보다 이유 없이 핍박받고 미움받았습니다.

믿음에는 "왜?"가 없습니다. 성경의 최초의 의인이 아벨입니다. 하나님께 합한 사람이었기에 많은 말이 필요 없이 간단하게 언급됩니다.

진정한 영적 구원은 오직 사랑 위에 세워집니다. 사탄은 사랑을 쫓아낼 수 없습니다. 거절감, 거부감, 증오로는 죄를 쫓아낼 수 없습니다. 죄는 미워하셨지만 죄인들은 사랑하셨던 예수님처럼 교회가 죄 지은 자들을 사랑해야 합니다. 우리가 그들을 진정으로 사랑하고, 죄에는 타협하지 않고

굳건할 때 그들의 영을 속박에서 구하고 영적인 권세를 가질 수 있습니다.

구원은 죄를 인정하는 것에서부터 시작합니다. 아무리 기다려 주셔도 돌아오지 않으면 하나님은 사건을 통해 특정한 죄에 날카로운 메스를 들이대십니다.

모든 죄를 포함하는 가증한 죄의 하나가 동성애입니다. 동성애는 단순한 음욕과 다른 것입니다. 소돔과 고모라를 멸망시킨 타락하고 가증한 죄악입니다. 동성애는 교회의 영적 진실성을 판단하는 측정기입니다. 교회에서 동성애를 공개적으로 오픈하는 것은 보기 드문 일입니다. 자기들끼리는 커밍아웃하지만 끼리끼리는 대안이 되지 못합니다. 그래서 교회에서 죄를 고백하며 오픈해야 합니다.

제가 오픈하라는 소리를 하지 않아도 우리들교회 교인들이 은혜를 받고 감동하니 몇 명이나 이 일을 공개적으로 오픈했습니다. 그래서 우리들교회에 소망이 있습니다.

하나님께 진정한 예배를 드릴 때 사람들이 동성애의 죄에서 돌아설 것입니다. 위대한 예술가들 중 많은 수가 동성애자라 합니다. 교회가 그들을 판단하고 정죄할 것이 아니라 사랑으로 받아들여야 합니다. 그런데 교회가 경직되고 따분하고 자유함이 없는 곳이 되어서 그들을 끌어들일 수가 없습니다. 그들이 주님께로 돌아오면 하나님의 생기가 들어간 예술을 할 것이고, 창조적인 문화를 온 교회가 누리게 될 것 아니겠습니까.

그러기 위해 진정한 예배가 회복되어야 합니다. 분파주의로 부자와 가난한 사람, 고학력자와 그렇지 않은 사람이 나뉘기 시작하면 하나님이 교회를 축복하실 수 없습니다. 교회가 6만 개가 넘어가면서 동성애자의 수도 점점 늘어간다고 하는데 이것이 무엇을 의미하겠습니까. 한국 교회가 회개해야 합니다. 우리가 회개하는 만큼 그들이 돌아올 것이고, 예배가 회복되지 않는 만큼 그들이 늘어갈 것입니다. 하나님은 동성애자들을 사랑하시고, 정죄하지 않으시며 그들을 구원하기 원하십니다.

20명을 살인한 연쇄살인자 유영철 씨는 결손가정에서 자라서 상대방을 공감하는 능력을 갖지 못한 자기도취자였습니다. 그는 세상 모두가 자신을 버렸다고 생각하고 모두를 죽이고 싶어 했습니다. 그래서 컴컴한 방에서 불을 켜는 것도 싫고, 답답할 때마다 뭔가 무시무시한 사건이 일어났으면 하고 바랐답니다. 비가 와도 잠기도록 오기를 바라고, 태풍이 다 집어삼키기를 바랐다고 합니다. 자기 몸속에는 몇 방울의 광적인 피가 흐르는 것 같다고 그가 회고했습니다.

그가 차라리 정신병자이고 우리와 다르다고 치부하면 이해할 수 있겠지만, 전문가들은 유영철 씨가 정상적인 판단을 할 수 있는 사람들의 테두리 가장 바깥에 있다고 합니다. 한마디로 정상이라는 것입니다. 그런데도 그런 살인을 저질렀습니다.

그러나 그에게도 머리카락이 쭈뼛 설 만큼 무섭고 놀랐던 순간이 있었다고 합니다. 천둥 번개도 안 무서웠던 사람입니다. 사람의 머리를 잘라서 수건걸이에 걸어 놓았는데 머리가 툭 하고 떨어질 때도 무섭지 않았답니다.

그가 가장 무서웠던 것은, 자기가 한참 사람을 토막 내고 있는데 아들에게 전화가 왔을 때라고 합니다. 자기가 가장 사랑하는 아들이 "아빠 뭐해? 감기 다 나았어?"라고 묻는 순간 등골이 오싹해지고 더 이상 살인할 수 없었다고 합니다.

실제로 유영철 씨가 동거녀와 잘 지내던 때는 살인을 그쳤다고 합니다. 그도 아들에 대한 애정을 가진 평범한 아버지였다고 합니다. 밤사이에 사람을 죽이고 나서도 그다음 날에는 진한 외로움을 느끼는 애정에 굶주린 사람이었다고 합니다.

이 세상에는 구제할 길 없는 인간은 없습니다. 인간이 누구나 똑같이 백 퍼센트 죄인인데 회개하지 않는 사람이 가장 큰 죄인입니다. 내 배우자, 내 자녀를 보면서 겉으로 드러나는 죄를 짓는다고 그들을 손가락질해서는 안 됩니다. 내가 회개하지 않는 것, 하나님 말씀이 들리지 않는 것이 도덕적 범죄와 비교도 할 수 없는 큰 죄입니다.

내가 회개하면 구제할 길 없는 남편이 돌아옵니다. 내가 다른 사람을 위해 살고, 사랑하고, 끊임없이 나 자신을 쳐서 복종시킬 때 가정이 돌아옵니다.

그러기 위해 아벨처럼, 예수님처럼 대가를 치러야 합니다. 죽어지고 썩어지는 밀알이 되어야 합니다. 순종하다 죽으면 순교의 면류관을 받을 것입니다. 남을 손가락질하지 말고 오직 내 속의 가인을 보고, 변함없는 사랑으로 처방하시고 말씀하시는 주님의 사랑에 반응해야 합니다.

죄지은 사람을 흉보고 미워하고 욕하며 내 옆의 가인을 죽이고 있진 않습니까? 위로와 도움이 필요한 사람을 찾아 주님의 사랑을 전하게 해달라고 기도합시다.

말씀으로
기도하기

살인을 저질렀어도 많은 사람이 회개하고 천국에 갑니다. 그런데 살인과 같은 큰 죄를 저지르지 않았다며 자기 죄를 못 보고 천국에 못 가는 사람이 많습니다.

가인은 빗나간 예배로 살인을 범했습니다. (창 4:8)
가인은 자기 말을 하나님의 말씀인 것처럼 아벨에게 말해서 계획적 살인으로 아벨을 쳐 죽였습니다. 인류 최초의 살인은 돈 때문이 아니라 예배 때문에 행해졌습니다. 마음 없이 형식적으로 예배를 드린 것을 회개합니다.

가인은 자기중심적인 거짓말을 했습니다. (창 4:9)
하나님께서 가인에게 "네 아우 아벨이 어디 있느냐"고 물으십니다. 오늘 하나님이 네 형제가 어디 있느냐고 물으십니다. 내가 상대하고 싶은 사람만 교제하고, 싫은 사람은 거절한 자기중심적인 죄를 회개합니다.

하나님은 가인을 사랑하시기에 저주를 선포하십니다.(창 4:10-12)

가인이 땅에서 유리하는 자가 되었습니다. 땅에 뿌려진 아벨의 피가 하나님께 호소하기에 내 죗값은 반드시 받게 됩니다. 회개의 기회를 놓치지 않고 하나님의 사랑을 받게 하소서.

가인이 끝까지 회개하지 않았습니다.(창 4:13-14)

가인은 하나님이 쫓아내셔서 '주의 낯을 뵐 수 없다'고, 죽게 되었다고 불평합니다. 자기 죄의 무게는 느끼지 못하고 벌만 중하다고 하는 가인의 모습을 회개합니다.

하나님은 가인을 끝까지 사랑하십니다.(창 4:15)

가인에게 죽임을 면케 하는 표를 주시고 그를 죽이는 자는 벌을 일곱 배나 주신다고 하나님의 사랑을 보여주십니다. 도덕적 죄보다 회개와 사랑이 없는 것이 더 큰 죄임을 알게 하옵소서.

사랑에는 대가가 따릅니다. (창 4:10)

아벨의 핏소리를 하나님께서 들으셨듯이 나의 부르짖음을 하나님께서 들으십니다. 아벨은 하나님께서 기뻐하시는 예배를 드리고 죽임을 당함으로 최초의 순교자가 되었습니다. 가인처럼 돌이킬 수 없는 죄 가운데 있는 사람들을 돌아오게 하기 위해서 아벨과 같은 희생을 치르게 하옵소서.

우리들
묵상과 적용

    4대째 모태신앙인으로 태어나 습관적으로 교회를 다녔습니다. 제가 고2 때 아버님은 췌장암으로, 형님은 군에서 구타로 한 해에 두 분이 돌아가셨습니다. 그래서 대학 시절엔 막노동, 과일 장사, 과외 등으로 새벽부터 늦은 밤까지 일하며 공부했고, 주일에는 주일학교 교사, 청년부 임원, 성가대로 하루 종일 교회에 있었지만 돌이켜보면 믿음 없이 내 열심으로 드린 예배를 하나님이 받지 않으셨던 것 같습니다.

    대학을 졸업하고 조그마한 싱크 공장을 운영하면서 결혼도 하고 집도 장만했습니다. 경제적으로 안정되어 갈 무렵, 잦은 고부갈등으로 가출하신 어머니가 입주 가정부로 일하다가 3년 만에 돌아오셨는데, 오신 지 며칠 만에 척추암 진단을 받고 6개월간 투병하다가 돌아가셨습니다. 저는 어머니의 죽음을 아내 탓으로 돌리며 분노로 10년 동안 매일 술과 바람에 미쳐 새벽에 귀가했고, 아이들에게는 부재중 아빠가 되었습니다.

    그러던 2008년 4월, 주식으로 망한 뒤 잘사는 누나의 도움을 받기 위해 서울로 이사 오면서 아내와 아이들이 우리들교회에 다니게 되었습니다. 아빠가 교회 안 가면 자기도 안 간다는 큰아들의 말에 "신앙의 대는 절대 끊지 말라"는 어머니의 유언이 생각나 할 수 없이 아내와 아이들을 실어 나르는 운동장 교인으로 나왔습니다. 그러다 누나까지 망하면서 경매로 살던 집에서 쫓겨나 월세로 사는 신세가 되어서야 공동체에 온전히 들어오게 되었습니다. 그러나 부부목장에 나와서도 아내의 목소리가 크다며 창피해했고, 아내의 죄를 고발하며 나의 죄는 합리화했습니다. 그럼에도 하나님은 악을 선으로 갚아 주시어, 편안한 환경에서 쫓겨나 두려워 죽을 것 같은 순간에 부부목장으로 인도해 주셨고, 제 이야기를 끝까지 들어주고 따뜻한 밥과 생명의 말씀과 눈물의 기도로 섬겨 주는 목장 식구들을 붙여 양육시켜 주셨습니다.

　　망해서 쫓기듯 서울로 오고, 믿었던 누나까지 망하는 사건이 왔을 땐 두려워 죽을 것 같았는데, 지금은 주님을 인격적으로 만나고 술과 세상 모임을 완전히 끊은 지도 1년이 넘었습니다. 가정에서 아내와 자녀들에게 무시받는다는 생각에 평정심을 잃을 때도 있었지만, 지금은 하나님의 은혜로 가족과 큐티 나눔도 하며 아내와는 신혼처럼 지내고 있습니다. 믿음의 공동체를 통해 악을 선으로 갚으셔서 저의 죄를 보고 회개하게 하신 하나님께 감사드립니다.

기도

하나님 아버지, 나는 늘 아벨이라고 당하기만 한다고 분노하는 것이 가인의 마음인 것을 알았습니다. 높은 자리에 앉아서 직통계시를 하듯이 권세를 갖고, 말을 듣지 않으면 분노하고 미워하는 것이 살인이 아니고 무엇이겠습니까. 끝까지 사랑하지 못하고 어떻게든 빨리 결말을 보고 싶고 참지 못하는 나의 죄를 봅니다.

네 아우 아벨이 어디 있느냐고 물으시는데, 내가 내 아우 지키는 자냐고, 내 부모 형제를 왜 지켜야 하냐고 항변하고 싶을 때가 너무 많습니다. 그러면서도 지켜야 할 사람은 안 지키고 끼리끼리 놀고 싶습니다. 싫은 것은 피하고 혼자 유리하고 싶습니다.

주님, 용서해 주시옵소서. 내가 회개하는 것만큼 그들이 돌아오리라 하셨사오니 그들을 돌려주시옵소서. 오늘 가인처럼 죽어도 회개하지 않는 내 배우자, 내 자녀, 내 식구들을 위해서도 이렇게 아벨처럼 죽어지고 썩어지는, 대가를 치르는 사랑을 하기 원합니다. 따스한 손길로 인도하시는 주님이 주인이 되어 주실 것을 믿음의 눈으로 바라봅니다. 예수님의 이름으로 기도합니다. 아멘.

하나님 아버지,
세상에서 잘될 때 주의 이름을
부르지 못합니다.
나의 약함을 통해
주의 이름을 부르게 하옵소서.

chapter 13

여호와의 이름을 불렀더라

창세기 4:16-26

자기 형상으로 창조하신 인간을 사랑하시며 끝까지 포기하지 않으시는 하나님의 마음이 바로 성경의 이야기입니다. 출애굽기를 보면 이집트에서 이스라엘을 건져내신 이야기가 나옵니다. 또 사사 시대와 왕정 시대를 통해 숱하게 배반하는 이스라엘 백성을 아파하면서도 사랑하시는 하나님을 만납니다. 하나님께서는 돌이키지 않는 이스라엘 백성을 바벨론 포로로 보내십니다. 그리고 그들을 포로생활 70년 만에 고토(古土) 이스라엘로 돌아가게 하십니다. 그러나 역사서의 가장 마지막 에스더서는 그럼에도 불구하고 돌아가지 않은 사람들의 이야기가 기록되어 있습니다. 에스더서에는 "하나님"이라는 단어가 단 한 번도 나오지 않습니다.

하나님의 이름을 부르는 것이 얼마나 축복인지 모릅니다. 창세기 4장 26절에서 사람들이 비로소 여호와의 이름을 불렀다고 합니다. 여러분은 날마다 누구의 이름을 부르고 있습니까?

세상을 부러워하지 말아야 한다

> ¹⁶ 가인이 여호와 앞을 떠나서 에덴 동쪽 놋 땅에 거주하더니 ¹⁷ 아
> 내와 동침하매 그가 임신하여 에녹을 낳은지라 가인이 성을 쌓고
> 그의 아들의 이름으로 성을 이름하여 에녹이라 하니라 (창 4:16-17)

창세기 4장 16~22절까지는 가인의 후손이 걸어가는 길을 보여줍니다. 가인의 후손은 곧 세상입니다. 이들의 길대로 가는 사람은 결코 여호와의 이름을 부를 수 없습니다. 그러나 아벨을 죽이고, 하나님의 사랑의 처방을 받지 않고 떠난 이들이 세상적으로는 너무나 잘나갑니다. 그러니 되는 일 없이 예수 믿는 우리는 얼마나 부러운지 모릅니다. 하지만 이것이 하나님 편에서는 저주입니다. 하나님이 왕이 아니라 인간이 왕노릇하는 길을 걸어 갔기 때문입니다. 이들의 특징을 본문에서 살펴보겠습니다.

첫째, 가인의 후손은 여호와 앞을 떠났습니다.

나의 어떤 죄, 어떤 상황에도 불구하고 여호와 앞을 떠나는 것이 가장 큰 저주입니다. 하나님 앞을 떠나면 안 됩니다. 계속해서 말씀 듣는 구조와 공동체 속에 붙어 있어야 합니다. 믿음은 들음에서 나기에 언젠가 하나님이 역사하시면 내가 변화될 수 있습니다. 그러나 떠나버리면 그 기회를 잃는 것입니다.

가인이 왜 떠났겠습니까. 가인은 아벨을 죽인 것을 끝끝내 회개하지 않았습니다. 하나님께서 땅에서 저주받을 것이라고, 피하고 유리하게 될

것이라고 처방해 주셨는데 그 처방을 사랑으로 듣지 않았습니다. 죄벌이 중하다고 호소해서 죽임을 면하는 표를 주셨는데 그 표를 받자마자 하나님을 떠났습니다.

가인이 그렇게 떠났지만 자신의 모든 수치가 영원히 감추어지진 않았습니다. 그가 떠나서 거한 곳이 놋 땅입니다. 방황과 탄식의 땅입니다. 환경을 피해서 "여기만 아니면 된다. 다른 데 가서 신앙생활 교양 있게 해야지" 하고 갔지만 하나님 앞을 떠나면 결국 방황과 탄식의 땅으로 갈 따름입니다. 이곳에서는 방황의 땅에 살고, 죽으면 지옥의 땅에 가는 것이 얼마나 큰 저주인지 아시기 바랍니다. 하나님을 피해 간 곳은 아무리 좋아도 방황의 땅입니다.

둘째, 가인의 후손은 자식에게 집착하게 되었습니다.

성경에는 두 명의 에녹이 나옵니다. 셋의 후손 에녹과 가인의 아들 에녹입니다. 에녹은 '훈련하다', '양성하다', '봉헌하다'라는 뜻입니다. 가인은 아들의 이름을 에녹이라고 붙이고는 성을 쌓았습니다. 그리고 성 이름을 에녹이라고 지었습니다.

하나님을 떠나서 살면 자식에게 집착하게 됩니다. 하나님을 떠난 사람은 자기가 왕 노릇을 하고, 자식이 곧 자신이기 때문입니다. 그래서 아등바등 돈 벌어서 빌딩 짓고 자식 이름 붙여 주는 게 인생의 목적이 됩니다. 자식에게 온갖 투자를 다하는 것입니다.

에녹에 '훈련하다'라는 뜻이 있듯이 가인도 하나님을 떠나서 자식을 그렇게 훈련시켰을 것입니다. 또 '봉헌하다'라는 뜻도 있는 것을 보면, 어려서는 에녹을 하나님께 봉헌하고자 하는 마음이 있었는지도 모르겠습니다. 우리도 자녀가 어릴 때, 뭔가 두각을 드러내지 못할 때는 "하나님께 영광 돌린다"고 말하다가도 그 자녀가 성공하고 잘나가게 되면 욕심을 냅니다. 판사, 검사, 의사가 되면 결혼이건 진로건 욕심대로 합니다. 하나님께 영광 돌린다는 말이 쏙 들어갑니다.

가인의 후손은 성을 쌓습니다. 내 자식들이 너무 잘났으니 우리끼리 알콩달콩 살기 원하는 마음으로 성을 쌓습니다. 이런 사람들이 여호와의 이름을 부르기가 힘듭니다. 본문의 '성을 쌓았다'는 표현은 일회적인 것이 아니라 평생, 계속해서 쌓았다는 의미입니다. 그 마음에 죄의식이 있기 때문에 이들은 죽음을 두려워합니다. 눈에 보이는 것에 집착하게 됩니다.

> 18 에녹이 이랏을 낳고 이랏은 므후야엘을 낳고 므후야엘은 므드
> 사엘을 낳고 므드사엘은 라멕을 낳았더라 (창 4:18)

가인의 후예들의 이름의 뜻을 살펴봅시다. '도시에서 생활하는 자(이랏)', '도말하다, 쓸어버리다(므후야엘)', '강성한 자(므드사엘)', '강한 자, 젊은 자(라멕)' 전부 다 인간 승리에 대한 강한 신념을 내포합니다.

그러나 이들에게는 "낳고"밖에 없습니다. 창세기 5장의 셋의 계보는 낳고, 장수하고, 죽는 것이 나옵니다. 그러나 가인의 후예는 갈 곳이 없어서 낳는 것밖에 없습니다. 그저 이 땅에서 잘되는 것만이 유일한 관심사이기 때문입니다.

아들을 낳아서 이름 짓는 것을 보십시오. 세상적으로 잘되고 훌륭하

고 멋있는 사람이 되기를 바라며 이름 지었고, 또 그렇게 살았습니다. 6대 손 라멕까지 오도록 이들이 하나님의 이름을 부르지 않았습니다. 그럼에 도 너무 잘살았습니다.

셋째, 가인의 후손은 성적으로 문란합니다.

> 19 라멕이 두 아내를 맞이하였으니 하나의 이름은 아다요 하나의 이름은 씰라였더라 (창 4:19)

일부일처제가 깨어지고 라멕이 두 아내를 취했습니다. 하나님께서 한 남자와 한 여자를 짝지어 주시고, 여자의 후손을 낳으라고 창조 명령 을 주셨는데 이 성을 쾌락의 도구로 쓰기 시작했습니다. 하나님을 떠난 사 람은 돈이 생기면 백 퍼센트 악과 음란을 향해 질주합니다. 너무나 당연한 수순입니다. 아다는 '단정하고 아름답다', 씰라는 '악기를 다루는 자'라는 뜻입니다. 돈이 있으니 눈과 귀를 즐겁게 해줄 아름다운 여자들을 골라서 데리고 살았습니다.

넷째, 라멕이 화려한 불신앙의 문명을 만들어 갑니다.

> 20 아다는 야발을 낳았으니 그는 장막에 거주하며 가축을 치는 자 의 조상이 되었고 21 그의 아우의 이름은 유발이니 그는 수금과 통 소를 잡는 모든 자의 조상이 되었으며 22 씰라는 두발가인을 낳았

으니 그는 구리와 쇠로 여러 가지 기구를 만드는 자요 두발가인

의 누이는 나아마였더라 (창 4:20-22)

가축을 치는 자산가, 음악 문명을 만든 예술가, 기계문명의 창시자….
이들이 다 아벨의 후손이 아닌 가인의 후손에서 나왔습니다. 그래서 하나
님 없는 음악과 재산, 기계 문화가 얼마나 사탄의 도구로 쓰이고 있는지 모
릅니다. 하나님의 생기 없이는 어떤 것으로도 은혜를 끼칠 수 없습니다.

놋 땅에서 가인의 6대손 라멕이 마침내 모든 것을 이루고 화려한 불
신앙의 문명을 엽니다. 야발, 유발, 두발가인 모두 '소유가 풍부하다'는 의
미의 이름입니다. 부자와 빈자가 나뉘기 시작했고 부자로 살기 위해 치열
하게 노력합니다. 육축을 치고 두 여인을 데리고 살다 보니 수고와 휴식이
필요하기에 풍악을 울려야 합니다. 그리고 더 많은 육축을 잡기 위해서 날
카로운 무기가 있어야 합니다.

'강한 자'라는 이름의 라멕의 아들들이 요즘으로 치면 월스트리트를
주름잡는 재산가가 되고, 줄리어드 음대를 나와 세계를 놀라게 하는 지휘
자가 되고, MIT 대학을 나와서 마이크로소프트의 사장이 되는 것입니다.
이 정도 되면 예수 믿는 우리는 너무 주눅 듭니다. 다 하나님을 떠나고 싶
습니다. 하나님을 떠났는데 이들이 이렇게 잘산다면 구태여 하나님 믿는
다고 이렇게 고생해야 되겠나 싶기까지 합니다.

어떤 집안은 예수님 안 믿고 수많은 불법을 저질러도 몇 대째 재벌
가의 명맥을 확고하게 이어갑니다. 그러나 하나님 보시기에는 몇천 년도
하나의 점에 불과합니다. 그래서 우리는 성경을 보면서 가치관을 바로 가

져야 합니다. 이들이 부럽습니까. 잘돼서 부럽고 배가 아픕니까. 그러나 여기서 여호와의 이름을 부른 자들이 하나도 없었습니다.

다섯째, 라멕이 이 모든 부유함을 가지고 칼의 노래를 부릅니다.

> 23 라멕이 아내들에게 이르되 아다와 씰라여 내 목소리를 들으라 라멕의 아내들이여 내 말을 들으라 나의 상처로 말미암아 내가 사람을 죽였고 나의 상함으로 말미암아 소년을 죽였도다 24 가인을 위하여는 벌이 칠 배일진대 라멕을 위하여는 벌이 칠십칠 배이리로다 하였더라 (창 4:23-24)

인류 최초의 노래가 하나님을 찬양하는 게 아니라 칼의 노래였습니다. 창조 질서를 어기면서 두 아내를 자랑하고 또 그들을 붙잡고 자기 능력을 과시하면서 패역한 노래를 부릅니다. 하나님의 말이 아니라 "내 목소리를 들으라!" 하면서 노래를 부릅니다.

노래의 내용이 무엇입니까. '한창 나이의 유망한 청년들을 내 상처 때문에 죽여버렸다!'가 주제입니다. 여기서 '죽였도다'라는 표현은 무자비한 살상을 의미합니다. 이렇게 하나님을 떠난 세상의 모든 드라마와 영화는 '복수'가 주제입니다. '나를 괴롭히면 가만두지 않겠어!'입니다. 가인을 죽이면 벌이 일곱 배이지만 자기를 죽이면 벌이 일흔일곱 배라고 합니다. 누구도 해하지 못할 날카로운 무기를 곁에 끼고, 감히 나를 어찌할 사람이 없다고 하나님 자리에 앉아서 신나게 노래합니다.

이 노래가 살인에만 해당한다고 보십니까? 정치가는 정적(政敵)을 숙청하면서 정권을 유지하고, 기업가는 경쟁관계의 기업들을 다 도산시키면서 그것을 자랑으로 여깁니다. 죄의식도 없이 합리화하면서 자신의 강함을 자랑합니다. 그렇게 얻은 권력과 재산을 가지고 미스코리아 같은 아내를 끼고 떵떵거립니다. 이런 이들이 어떻게 하나님의 이름을 부르겠습니까.

이들은 자기 노력으로 얼마나 잘살 수 있는지를 과시합니다. 그래서 하나님 없이 사는 사람들은 얼마나 분주한지 모릅니다. 자녀에게 '너는 강한 사람이다. 다 쓸어버려라' 하면서 세뇌시키고, 아내들을 관리하고 음악 레슨을 받게 합니다. 기계 문명도 연구하고, 배우고, 연수 다녀오고 얼마나 바쁜지 모릅니다. 공부도 잘하고, 기계도 잘 다루고, 악기도 연주하고, 돈도 많고 거기다 예쁘기까지 하면 우리는 다 입이 헤벌어져서 "저 집이 바로 명문가야" 하면서 부러워합니다. 하나님의 이름도 부르지 않는 집안이 부러워서 몸살이 납니다.

진 랜드럼이 쓴《위대함에 이르는 8가지 열쇠》라는 책에서는 노벨 문학상을 수상한 헤밍웨이 이야기가 나옵니다. 그는 전쟁, 맹수 사냥 등의 소재에 집착하는 지독한 남성우월주의자이면서도 극심한 우울증을 앓고 있었습니다. 넘치는 투지로 기꺼이 모험을 하고자 했으며, 성적 욕구도 강렬했습니다. 17세부터 복싱을 하고 주점에서도 싸움을 하곤 했습니다. 쿠바에서는 큰 판돈이 걸린 경마와 도박에 심취했으며, 스페인 내전 중에는 위험한 임무를 홀로 자처했습니다. 너무 호방해 보이고 멋있어 보입니다. 그는 일찍이 작품《노인과 바다》에서 '인간은 파괴될 수는 있어도 패배하지는 않는다'고 했습니다. 허무함을 감추며 하루하루 살았지만, 그에게로 죽음이 저벅저벅 걸어왔습니다. 그러자 그는 모든 것을 갖추었음에도 불구하고 이 허무의 문제를 해결하지 못해 권총자살로 생을 마감했습니다.

이런 사람들이 가인의 후예입니다. 허무가 내적, 여성적으로 극대화되면 문학이 되고, 외적, 남성적으로 극대화되면 전쟁이 됩니다. 이 땅에서 어떻게든지 이겨야 하고, 반드시 승리해야 하고, 원하는 것을 쟁취해야 하는 것입니다. 올림픽에서 금메달에 왜 그리 열광을 합니까? 진 사람에게는 아무도 관심을 기울이지 않습니다. 그러나 예수 믿는 사람이라면 좀 달라야 합니다.

가인의 후예가 그렇듯 우리에게도 죄의 소원이 많아서 포기하지 못하는 것이 많습니다. 돈, 여자, 학력, 세상의 모든 금메달을 내려놓지 못합니다. 그러나 그 어떤 죄보다 하나님 앞을 떠난 것이 가장 큰 저주입니다.

어떤 사람, 어떤 환경이 부럽습니까? 세상에서 이름을 떨치고 넓은 집의 성을 쌓는 것이 부럽습니까? 가난하고 부족해도 힘든 환경 때문에 하나님을 붙잡고 사는 것이 축복이라고 진심으로 고백합니까?

'다른 씨'가 여호와의 이름을 부른다

²⁵ 아담이 다시 자기 아내와 동침하매 그가 아들을 낳아 그의 이름을 셋이라 하였으니 이는 하나님이 내게 가인이 죽인 아벨 대

신에 다른 씨를 주셨다 함이며 (창 4:25)

가인이 하나님 앞을 떠나고, 아벨은 죽었습니다. 아담이 얼마나 기가 막혔겠습니까. 그러나 아담은 정신을 차렸습니다. 착한 아벨이 죽어서 인생이 슬프지만, 가인에게는 소망이 없는 것을 알았습니다.

믿지 않는 자녀가 판검사가 됐다고 잘난 척을 해도 그 자녀에게 손 벌리지 마십시오. 기댈 생각하지 마십시오. 예수님을 안 믿는 것 때문에 애통하는 모습을 보여야지, 칼의 노래를 부르면서 잘사는 아들에게 기대지 마십시오. 내 인생의 목표가 오직 예수 믿는 것임을 보여주어야 하지 않겠습니까.

아담은 죽은 아벨을 붙잡고 슬퍼할 때가 아님을 알았습니다. 다시 여인의 후손, 그리스도를 낳기 위해서 저는 무릎을 일으켜서 하와와 동침했습니다. 나에게 죽은 아들, 배우자, 사업이 있습니까? 이제 일어나십시오. 저는 무릎을 펴고 어그러진 다리를 펴서 예수 그리스도를 낳기 바랍니다. 예수님을 낳기 위해 새롭게 몸과 마음을 정비하십시오. 그러면 하나님이 "다른 씨"를 주십니다.

하나님 앞을 떠나서 돈 잘 벌고 사는 가인도 아니었습니다. 착한 아들 아벨도 아니었습니다. 항상 삐딱하고 툭하면 가출하고, 감옥까지 갔다 온 그 아들이 바로 예수 잘 믿는 다른 씨가 되었습니다. 우리가 가진 모든 고정관념을 깨고 다른 씨로부터 예수님이 오십니다. 이것이 성경의 주제입니다. 내놓을 것, 자랑할 것이 하나도 없어도, 존재감도 없고 이름도 없었던 그 다른 씨가 구속사의 주인공이 되었습니다.

나를 너무 힘들게 하는 모든 죽은 환경에서 다른 씨가 옵니다. 그래서 그 환경에서 일어나야 합니다. 그래서 다른 씨, 예수 그리스도의 후손을 낳는 여러분이 되시기를 예수님의 이름으로 축원합니다.

∽

육적인 성공에 관계없이 믿음으로 자녀를 분별합니까? 연약하고 형편없어도 예수님을 믿는 자녀가 우리 집안을 살릴 '다른 씨'임을 인정합니까?

자기의 약함을 선포할 때 여호와의 이름을 부른다

> 26 셋도 아들을 낳고 그의 이름을 에노스라 하였으며 그때에 사람
> 들이 비로소 여호와의 이름을 불렀더라 (창 4:26)

셋도 아들을 낳았습니다. 그런데 그 아들의 이름이 '에노스'입니다. 에노스에는 보통명사로 '사람, 남자'라는 뜻도 있지만, '치료 불가능한 병든 상태의 한계상황', '부패로 사라질 삶', '유한함', '죽어야 하는' 등의 뜻도 있습니다. 인간의 실존을 간파한 이름이 아닐 수 없습니다.

자기 아들을 보면서 "에노스야"라고 부를 때마다 "이 부패로 사라질 삶아", "완전히 치료 불가능한 한계상황으로 죽을 수밖에 없는 아들아"라고 부르는 것입니다. 여러분은 이렇게 겸손하게 자녀의 이름을 붙일 수 있겠습니까. 그렇게 교만한 가인의 후손 앞에서 너무나 보잘것없는 이 이름

을 날마다 불러 주는 것입니다. 내 힘으로는 아무것도 할 수 없고 하나님의 도움 없이는 살 수 없다는 신앙고백의 이름이 바로 에노스였습니다.

에노스가 믿음의 4대째인데 불치병 걸린 아들을 주신 것입니다. 예수를 믿는데 어떻게 이렇게 되는 일이 없냐고 한탄하겠습니까. 셋이 살면 얼마나 살았다고 그렇게 큰 죄를 지었겠습니까. 오히려 가인의 후손인 라멕은 죄를 짓고 회개도 안 하는데 셋이 전적 무능, 전적 부패를 부르짖는 것입니다. 어떻게 이럴 수가 있겠습니까. 그러나 이렇게 눈물로 자신의 무력함을 고백했을 때 사람들이 비로소 여호와의 이름을 불렀다고 합니다. 공예배가 시작된 것입니다.

일본의 뇌성마비 시인 미즈노 겐조(1937-1984)는 초등학생 때 병에 걸린 이후 온몸이 마비되었지만, 눈빛으로 글자판을 가리켜서 시를 썼다고 합니다. 그가 이런 시를 썼습니다.

"나사렛 예수여, 나사렛 예수여, 내가 나사렛 예수를 십자가에 못 박았나이다."

눈만 깜박거리는 것이 모든 행동의 전부인 사람이 이렇게 온 가슴으로 회개했습니다. 몸이 성해서 온갖 죄를 짓고 다니는 사람들이 회개하지 않을 때, 그가 이렇게 하나님의 이름을 부르는 회개의 시를 썼습니다. 하나님이 이렇게 연약한 자를 통해서 주님의 뜻을 나타내십니다. 아무것도 못한다고, 전적으로 부패했다고 고백하고 있는 이 에노스를 하나님이 쓰십니다.

우리 네 자매 중에 한 언니의 이야기를 하고자 합니다. 제가 4대째 신앙을 이어오고 있는데도 우리 집안은 되는 일이 없었습니다. 아들도 없이 딸만 넷인 집안입니다. 둘째 언니는 필리핀 열대 지방에서 선교사로 사역했습니다. 언니가 국제결혼을 했는데, 안타깝게도 언니의 남편이 아직 구원을 받지 못했습니다. 그 남편 때문에 40일간 온전한 금식을 하다가 금식이 다 끝나는 시점에 언니가 잠시 정신이 헛나가서 모임에서 닭다리와 김밥을 먹은 적이 있습니다. 40일 금식을 하고 그렇게 음식을 먹는 건 죽음에 이르는 행동입니다. 그런데 그 자리에 있던 의사의 응급처치로 간신히 살아났습니다.

그렇게 수고하고 금식을 하면서 사람을 섬겼는데, 형부가 아직도 구원받지 못했습니다. 지금은 정신적인 병을 얻어서 언니가 병 간호를 하고 있습니다. 그 아들도 피부색이 다르다고 언니를 얼마나 무시하는지 모릅니다. 대학을 졸업할 땐 엄마 아빠가 졸업식에 오는 게 창피하다고 자기 졸업식에도 안 가 버린 아들입니다. 언니가 명문대 학부와 대학원까지 나왔는데 남편과는 대화가 안 되고 늘 밥과 빨래만 해주면서, 아들에게 조롱을 받으면서 살았습니다.

언니는 첫 결혼에서 이혼을 했습니다. 이혼의 이유는 충분했고 손가락질할 사람도 없었지만 재혼 생활 30년 동안 그 이혼의 죗값이 망령과 같이 쫓아다니고 있습니다.

언니가 필리핀 빈민가에서 온 몸을 불사르게 내어 주며 구제하고 하나님만 부르짖지만 자랑할 것이 하나도 없습니다. 남편이 아파도, 사기를 쳐도, 학력이 없어도, 무능해도 첫 결혼을 지키기만 했으면 이렇게 마음고생은 하지 않을 텐데, 그 멍에가 끝없이 따라다닙니다. 언니의 이혼 때문에 동생들은 남편들에게 "언니가 이혼한 주제에"라는 말을 들어야 했습니다. 날마다 죄인처럼 언니의 이혼으로 고개를 숙였습니다. 언니야말로 한계상황에 봉착하고, 치료가 불가능한 상황입니다. 그 가운데 어떻게 여호와의 이름을 부르지 않을 수 있겠습니까. 인간의 한계를 절절이 느끼게 하시는 것이 축복입니다.

제가 교회를 그렇게 오래 다녔어도 수치를 꽁꽁 싸매고 아무것도 오픈하지 않았을 때는 내 곁의 어떤 사람도 여호와의 이름을 부르지 않았습니다. 그런데 지금 나의 모든 수치를 내어놓고 고백하는 것이 부끄럽지 않습니다. 우리 언니가 지금 그렇게 조롱과 무시를 당해도 하나도 불평하지 않습니다. 잠시 후엔 우리가 다 천국에서 만날 것인데, 이 땅에서 잠시 잠깐 험악한 역할을 하면 어떻습니까. 그래서 내 옆의 사람들이 다 여호와 하나님의 이름을 부르게 되면 그것보다 기쁜 인생이 어디 있겠습니까.

항상 우리의 무능을 볼 수밖에 없는 겸손으로 하나님께서 우리를 내모십니다. 그러나 가인 같은 환경에서 하나님의 이름을 부르지 않는 것보다, 지금이 더 기쁘고 감사합니다. 겉으로 자랑할 것이 없어서 너무 죄송하지만 지금 날마다 부를 수 있는 주님이 계셔서 우리 자매들의 마음에 세상이 알 수 없는 평강이 있습니다.

여호와의 이름을 부르려면 세상을 부러워하지 말아야 합니다. 어떤 환경에서도 공동체를 떠나지 마십시오. 자식에게 집착하고 성을 쌓으면서 교만하지 마십시오. 병적으로 분주하게 늘 배우고 쟁취하는 데 혈안이 되지 마십시오. 라멕의 자녀가 세계적 자산가, 위대한 음악가, 디지털계의 기린아가 되었어도 그 모든 것으로 라멕은 칼의 노래를 불렀습니다.

하나님은 나의 죽은 것 같은 환경에서 '셋'이라는 다른 씨를 주십니다. 가인도 아벨도 아닌, 돈도 못 벌고 내놓을 것 하나 없는 그런 사람을 구속사의 주인공으로 쓰십니다. 하나님이 택하신 사람은 환경 속에서 늘 나의 연약함만 부르짖으며 처절한 부패를 회개하는 에노스입니다. 그럴 때에 내 곁의 사람들이 나 때문에 여호와를 부르는 인생이 될 것을 믿습니다.

나의 전적인 부패, 전적인 무능을 인정할 수밖에 없는 고난에 처했습니까? 그 고난 속에 낙망하며 하나님을 원망합니까? 고난을 통해 여호와의 이름을 더 간절히 부르며 다른 이들까지 믿음으로 인도하고 있습니까?

말씀으로
기도하기

명예와 돈, 권력의 이름이 아니라 여호와의 이름을 부르는 것이 최고의 축복입니다. 그 축복을 누리기 위해 약하고 부족한 에노스를 허락하십니다.

세상을 부러워하지 말아야 합니다.(창 4:16-24)

가인처럼 회개하지 않고 여호와 앞을 떠나 자식에 집착하며, 자기 성을 쌓고, 성적 문란과 쾌락으로 화려한 불신앙의 문명을 이루며 칼의 노래를 부르는 것이 세상의 특징입니다. 하나님 없이 돈과 권력을 의지한 불신앙을 회개합니다.

'다른 씨'가 여호와의 이름을 부릅니다.(창 4:25)

잘난 가인은 떠나고, 믿음 좋던 아벨은 죽었지만 아담은 다른 씨 셋을 통해 환경에서 일어나고 믿음의 계보를 이어갑니다. 내가 우리 가정과 나라를 살릴 다른 씨임을 인정하고 분별된 삶을 살게 하옵소서.

자기의 약함을 선포할 때 여호와의 이름을 부릅니다.(창 4:26)

셋이 아들을 낳고 이름을 에노스라고 지었습니다. 부유하고 강성한 가인의 아들들과는 반대로 인간의 전적인 무능과 전적인 부패를 나타내는 이름을 지었습니다. 그렇게 연약함을 고백했더니 비로소 사람들이 여호와의 이름을 부르고 셋을 통해 예수님이 오시게 되었습니다. 나의 연약함을 선포함으로 다른 사람들도 하나님의 이름을 부르기 원합니다.

우리들
묵상과 적용

　가난을 벗어나고자 안 해본 일이 없으셨던 부모님은 일 때문에 늘 부재중이셨습니다. 1남 6녀의 막내딸로 존재감이 없었던 저는 '결혼하면 자식을 많이 낳지 말고 가난하게 살지 말아야지' 생각했습니다. 단칸방에서 7남매가 추위와 더위를 견디며 먹을 것 입을 것을 걱정해야 했고, 부모님의 식당 일을 도와 배달을 다녀야 했던 그 시절이 저는 우울하기만 했습니다.

　결혼 후 돈을 많이 벌고자 하는 마음에 회사를 그만두고 분식집을 차렸는데, 마침 장사가 잘되어 작은 빌라 전세에서 내가 꿈꾸던 에녹 성 같은 32평 아파트로 이사를 가게 되었습니다. 여호와 앞을 떠난 가인이 세상에서 성공한 것처럼 다 이루었다 생각했습니다.

　그런데 돈을 번 것이 나의 고생과 수고 때문이라는 생색이 몰려와 남편에게 나의 상함을 노래하기 시작했습니다. 그럴수록 남편은 밤이 늦도록 PC방과 친구에 빠져 거짓말을 했고, 저는 위치 추적까지 하며 남편의 일거수일투족을 감시했습니다. 다툼의 강도는 심해졌고 혹시 교회에 가면 괜찮을까 하여 다니기도 했지만 내 죄를 보지 못하고 남편의 변화만을 꿈꾸었기에 상황은 더욱 심각해졌습니다.

그러던 어느 날, 힘들게 모은 돈으로 사업을 하겠다는 남편과 심하게 다투다가 갈비뼈가 부러지는 부상을 입고 남편과 합의이혼을 하기에 이르렀습니다. 재산을 반으로 나누고 남편은 원하던 사업장을 차렸고, 저는 잃은 반을 채우고자 돈을 벌었습니다.

하지만 이혼 후 허무가 밀려왔고, 그렇게 모았던 돈이 결국 제게 독약이 된 것 같았습니다. 채워지지 않는 허무감에 술을 의지하던 어느 날, 몇 달 만에 연락한 남편을 만나 그날 밤을 같이 보내게 되었습니다. 그런데 결혼 4년 동안 생기지 않던 지금의 아들이 생겼고 임신한 것이 감사해 재결합을 결심할 수 있었습니다.

그러나 이혼 후 더욱 자유로워진 남편은 모터사이클에 빠져 비싼 용

품을 사들이며 회식과 당구로 밤이슬을 맞고 들어오는 날이 잦았습니다. 남편의 도움 없이도 멋지게 육아를 감당할 수 있을 줄 알았는데, 사랑도 희생도 몰랐던 저였기에 육아는 또 다른 다툼거리가 되어 갈등이 심해졌고, 또다시 이혼을 생각했습니다.

그때 대구에 있는 언니가 우리들교회를 소개해 주었고, 말씀을 들으며 처음으로 이혼이 죄임을 알았습니다. 그리고 그동안 제가 남편과 돈에 집착하며 남편을 힘들게 한 것과 머리로 세워 주신 남편에게 지기 싫어 순종하지 못했던 것을 인정하게 되었습니다.

어느 날 남편에게 "나 같은 사람과 살아줘서 고맙다"는 말을 했는데 남편도 듣기 싫지 않았는지 그 후로 다툼도 줄었고, 지금은 함께 교회에서 안내 봉사로 섬기고 있습니다. 이제는 부부가 함께 목장예배를 끝내고 밤이슬을 맞으며 돌아오는 시간이 가장 행복합니다.

이혼이 죄인지도 몰랐던 저를 다시 주님 품 안으로 불러주시니 감사드립니다. 앞으로도 말씀과 공동체에 묶여 날마다 여호와의 이름을 부르는 가정이 되길 소망합니다.

기도

아버지 하나님, 여호와 앞을 떠난 가인이 성을 쌓고 아들을 낳아 강하게 키우며 성공시키는 것을 봅니다. 예수님을 믿는 내가 바라는 기도제목을 그들이 다 이루는 것을 봅니다. 그렇게 다 이루어진다면 나도 떠나고 싶습니다. 그렇게 성공하는 것이 믿음의 척도인 것 같아서 아직도 세상적으로 내놓을 것 있는 모델로 쓰임받고 싶습니다.

그러나 하나님, 내가 선한 것이 하나도 없다는 사실을 이렇게 가르쳐 주시니 감사합니다. 내가 에노스를 부르짖고, 무능과 부패를 부르짖었을 때 여호와의 이름을 부르는 사람들이 생겨난다고 합니다. 이것이 하나님께서 하신 일 아니겠습니까.

잠시 후면 여호와의 이름을 부르는 우리가 천국에서 만날 것입니다. 그러니 험악한 역할을 맡았다고 불평하지 않기를 원합니다. 감당할 만하니 주신 것이고, 그래서 내 주변 사람들이 하나님을 부르게 하시니 감사합니다. 아무도 맡기 싫어하는 그 역할을 주셔서 감사합니다. 나의 에노스,

나의 연약함, 나의 무력함과 보잘것없음을 부르짖고 갈 수 있도록 은혜를 내려 주시옵소서.

이혼과 재혼과 가출을 앞둔 지체들이 있다면 비로소 여호와의 이름을 부르며, 완전히 주님께로 유턴하도록 복을 내려주옵소서. 오직 내가 부를 이름은 여호와 하나님뿐임을 알게 하여 주시옵소서. 예수님의 이름으로 기도합니다. 아멘.

하나님 아버지,
구원을 위해 죽어지는 인생을
살게 하옵소서. 모든 환경에서
희생과 인내를 이루며
주를 바라보게 하옵소서

chapter 14

구속사의 계보를 잇는 인생

창세기 5:1-32

일반적으로 "예수님 믿고 구원받으셨습니까?"라고 물어보지만 "구속받으셨습니까?"라는 질문은 들어본 적이 없는 것 같습니다. 구속은 나를 위해 죽어 주신 예수님, 속죄제와 속죄 제물의 개념이 더 강조됩니다. 영어로도 구원(救援)은 'Salvation', 구속(救贖)은 'Redemption'으로 달리 표현합니다. 우리 역시 하나님의 무조건적인 은혜로 구원을 선물로 받았습니다. 구속은 예수님이 십자가에서 죽어 주신 것처럼 다른 사람을 위해 죽어 주는 대가를 치러야 하는 것입니다. 창세기 5장은 구속사의 계보를 보여 주고 있습니다. 어떤 사람이 구속사의 계보에 올라갈 수 있을까요.

단순하게 사는 사람이 구속사의 주인공이 된다

본문에서 가장 많이 나오는 단어가 "낳고", "죽었더라"입니다. 세상적으로는 단순하고 영적으로는 깊은(simple and deep) 삶을 사는 사람이 구속사의 계보에 올라갑니다. 창세기 4장에서 가인의 후손들은 에덴 동편 놋 땅에서 화려한 문명을 구가하며 분주한 삶을 살았습니다. 하나님을 떠나고, 부모도 버리고 사는데도 너무나 잘 살았습니다. 그러나 구속사 계보의 후손은 '낳고 죽었더라'로 설명되는 단순한 삶을 살았습니다.

예수님을 믿으면 삶이 단순해져야 합니다. 전자제품도 온갖 기능을 다 갖춘 요란한 상품은 베스트셀러가 되지 못합니다. 제가 기계치라 그런지 복잡한 것은 아무리 좋은 것이라도 다루기가 싫습니다. 장사도 단순하고 심플하게 해야 잘됩니다.

> ¹ 이것은 아담의 계보를 적은 책이니라 하나님이 사람을 창조하
> 실 때에 하나님의 모양대로 지으시되 (창 5:1)

드디어 아담 자손의 계보가 나옵니다. 창세기에는 열 개의 계보가 나온다고 말씀드렸습니다. 창세기 1장에 적혀 있는 "하늘과 땅의 내력"이 첫 번째 계보이고, 아담 자손의 계보가 두 번째입니다. 하나님이 아담을 창조하셔서 그 가운데 셋을 고르고, 에녹을 고르고, 노아를 골라 가십니다. 하나님이 이렇게 하나하나 간추려 가셔서 예수님이 오십니다. 우리도 이 세상에서 악하고 더러운 것이 많았습니다. 세상과 하나님 사이에 양다리를 걸치고 있었습니다. 그러나 점점 세상을 걸러내고 하나님만 남는 것이 구속사의 계보입니다.

² 남자와 여자를 창조하셨고 그들이 창조되던 날에 하나님이 그들
에게 복을 주시고 그들의 이름을 사람이라 일컬으셨더라 (창 5:2)

삼위 하나님이 함께 의논하셔서 인간을 창조하시고, 하나님께 경배
하고 기도하고 찬양하는 바라크의 복을 주셨습니다. 하나님의 형상대로
지음받은 사람은 이 바라크의 복을 누리기만 하면 모든 것을 누리며 영생
할 존재였습니다. 그러나 아담이 선악과를 따 먹고 죄를 지어 그 복을 받
을 수 없게 되었습니다.

³ 아담은 백삼십 세에 자기의 모양 곧 자기의 형상과 같은 아들을
낳아 이름을 셋이라 하였고 ⁴ 아담은 셋을 낳은 후 팔백 년을 지내
며 자녀들을 낳았으며 (창 5:3-4)

그래서 아담은 하나님의 형상으로 낳지 못하고 "자기의 형상과 같
은" 아들 셋을 낳을 수밖에 없습니다. 그러면 가인의 후손과 무엇이 다릅
니까? 가인의 후손은 원죄를 인정하지 않고 떠난 자들입니다. 그러나 아담
이 130세에 낳은 아들 셋은 그 원죄를 인정하는 존재입니다.

죄를 인정하기까지 130년이 걸렸습니다. 똑똑한 가인, 착한 아벨도
아닌 의외의 인물, 생각지도 못한 "다른 씨"인 셋을 낳고, 그로부터 구속사
의 계보가 시작되었습니다. 예수님이 이 족보를 통해 오셨습니다.

아담은 반드시 죽을 수밖에 없는 인생입니다. 선악과를 먹은 것에 대
해 하나님이 벌하신 대로 천년을 살아도 결국은 흙으로 돌아갈 존재입니

다. 그러나 축복의 벌을 잘 받고 가면 예수님이 오시기에 자기 죄를 인정하는 사람들에게는 죽지 않을 길을 주십니다. 내 죄만 인정하면 가죽옷을 지어 입히시듯이, 예수님을 믿으면 우리에게 제2의 에덴, 천국으로 가는 영생 길이 열립니다. 이 땅에서 얼마나 오래 살고 언제 죽고와 상관없이 예수 믿는 우리에게 영생의 길이 있습니다.

아담의 자손도 다 죽었습니다. 그러나 감사한 것은 "낳았더라"가 20번이고 "죽었더라"가 8번이라는 것입니다. 죽을 수밖에 없는 인생이지만 여인의 후손이 오기 위해 계속해서 생명이 잉태되고 출산됩니다. 우리 역시 흙으로 돌아갈 연약한 존재이지만, 예수님의 생명이 우리 가운데 잉태될 것입니다.

단순하게 낳고 죽으면서 살아가는 것이 참 어렵습니다. 가인의 후손이 잘사는 모습을 4장에서 보여주었기에 더 그렇습니다. 한 사람 셋을 낳기까지 아담도 참 어려웠을 것입니다. 그러나 한 명이 탄생하면 그다음부터는 줄줄이 계보가 이어집니다. 아담이 천년을 살았으니 130년을 기다렸다면 우리 식으로 따져보면 13년 정도 될 것입니다. 저 역시 13년간 남편 한 사람의 구원을 위해서 애썼지만, 그다음부터는 이렇게 줄줄이 사탕으로 영적 계보가 이어지게 됐습니다. 최초의 한 사람이 얼마나 중요한지 모릅니다.

인생에 대단한 기쁨이 있을 것 같지만 그렇지 않습니다. 많은 사람들이 좋은 유년 시절에 대한 믿음이 있습니다. 혹 유년 시절이 어려웠다면 그것을 극복함으로 강해지리라 생각합니다. 완벽하지는 않아도 특별한 사랑을 만나 결혼하고, 직장도 갖게 되고, 자녀를 사랑할 것이고, 대체적으로 자신의 삶이 만족스러우리라 기대합니다. 백발이 되어서 지난 앨범을 가족과 함께 보면서 사랑의 말을 나누고 그날 늦은 밤 잠을 자다가 평화로운 죽음을 맞기를 원하는 것이 우리의 각본입니다. 믿음이자 희망이고 상상입니다.

그러나 아무도 지진이나 병, 예기치 못한 사고가 찾아오리라는 상상을 하지 않습니다. 그래서 그런 사건이 실제로 오면 크게 슬퍼하고 좌절합니다. 내게는 그런 일이 왜 일어나서는 안 됩니까? 무슨 슬픈 일이 일어날 때마다 우리는 늘 "왜 나야?", "왜 우리 가족이야?"라면서 하나님께 힐문합니다. 그러나 여러분은 한 발짝 더 나아가서 "왜 내가 아닌가?"라고 반문하시기 바랍니다. 다른 사람들이 옆에서 고난으로 힘겨워할 때 "왜 내겐 저런 고난이 없어서 공감이 되지 않을까?", "내겐 왜 저런 어려운 환경이 없어서 말씀이 깨달아지지 않을까?" 연습해 보기 바랍니다. 그러면 힘든 사건이 왔을 때 훨씬 수월하게 갈 수 있습니다.

나의 하루는 어떻습니까. 욕심과 집착과 불안으로 머리도 생활도 복잡합니까? 날마다 말씀으로 가지치기하며 단순하지만 깊은 삶을 살고 있습니까?

구속사의 계보에 오르려면 하나님과 동행해야 한다

21 에녹은 육십오 세에 므두셀라를 낳았고 22 므두셀라를 낳은 후

삼백 년을 하나님과 동행하며 자녀들을 낳았으며 ²³ 그는 삼백육

십오 세를 살았더라 ²⁴ 에녹이 하나님과 동행하더니 하나님이 그

를 데려가시므로 세상에 있지 아니하였더라 (창 5:21-24)

구속사의 계보에 올라가는 데 가장 힘든 것은 "하나님과 동행하며 자녀를 키우는 것"입니다. 가인의 후손은 하버드, 줄리어드, MIT를 다니면서 티본스테이크를 썰고, 풍악을 울리면서 기계 문명을 누리고 있는데, 그들을 보면서 자녀를 키우기가 얼마나 힘들었을까 생각해 봅니다.

가인의 자손들이 보이지나 않으면 마음이라도 편할 텐데, 남의 자식이 잘되고 있는데 예수 믿는 내 자식이 말썽 부리고 시험 보는 족족 떨어질 때 속이 상해 견딜 수가 없습니다. 그러나 에녹은 보여줄 것 없는 자녀들을 키우며 하나님과 동행했습니다.

하나님과 동행했다는 "할라크"라는 표현은 말 그대로 주님과 같이 걷는 것입니다. 주님이 빨리 걸으시면 보폭을 재게 빨리 걷고, 천천히 걸으시면 나도 맞추어 천천히 걷는 것입니다. 그러나 우리는 하나님의 보폭에 맞추기가 너무 어렵습니다. 빨리 걸으시면 숨이 차다고 불평하고, 천천히 걸으시면 주님을 훌쩍 앞서가고 싶어서 안달이 납니다.

하나님의 관점이 내 관점이 되고, 주님의 보폭이 나의 보폭이 되기 위해 시간이 오래 걸립니다. 그 시간 속에서 부모가 하나님과 동행하는 모습을 보여주는 것이 최고의 자녀교육입니다. 내 자녀를 가인에게 유학보내서야 되겠습니까. 어떤 재벌집은 돈이 있으니 자녀의 초등학교 때는 미국에서 엘레멘터리 스쿨을 보내 영어를 마스터하게끔 하고, 중학교는 상

하이에서 중국어를 배우게 하고, 고등학교는 한국의 특목고에 넣겠다고 합니다.

그렇게 귀족학교 보내는 것이 중요한 게 아닙니다. 부모가 삶이 힘들고 어려운 사람들과 공동체를 이루며 말씀으로 살아가는 것이 하나님과 동행하는 것입니다. 에노스 같은 치료 불가능한 한계상황의 사람들과 어울려 사는 것을 보여주는 것이 가장 성공적인 교육입니다. 그럴 때 아이들에게 새로운 목적과 비전이 생겨나는 것입니다. 가인의 후손이 아무리 잘살고 똑똑했어도 이 구속사의 계보에 이름 한 자 올리지 못했습니다.

가인의 자손 7대에는 라멕이 있고, 셋 후손의 7대에는 에녹이 있습니다. 라멕과 에녹이 똑같이 7대인데 이들은 너무나 정확하게 삶의 행로가 갈립니다. 하나님 없이 산 가인의 후손 라멕은 칼의 노래를 부르고 있고, 셋 후손의 에녹은 하나님과 동행합니다.

윤대영 목사님이 쓰신 《보리밭엔 보리가》라는 책에는 조나단 에드워즈와 맥스 주크의 이야기가 나옵니다. 둘 다 믿음의 소유자였지만 조나단 에드워즈는 믿음의 아내를 만나 가정을 이루었고, 맥스 주크는 아름다움을 좇아 믿음이 없는 여자와 결혼했습니다. 200~300년이 지나고 나서 이들의 가계를 조사해 보니 맥스 주크의 가계에서는 마약중독자, 전과자, 도둑들이 수두룩한 반면, 조나단 에드워즈의 가문에는 선교사, 목사, 교수, 부통령, 국회의원 등이 나왔다고 합니다.

그러나 하나님과 동행하는 것이 당대에서는 너무나 힘듭니다. 육신의 정욕과 안목의 정욕, 이생의 자랑을 다 물리치면서 가야 하기 때문입니다. 그러면 하나님은 이렇게 산 에녹에게 무슨 상을 주셨을까요.

⁵ 믿음으로 에녹은 죽음을 보지 않고 옮겨졌으니 하나님이 그를 옮기심으로 다시 보이지 아니하였느니라 그는 옮겨지기 전에 하나님을 기쁘시게 하는 자라 하는 증거를 받았느니라 ⁶ 믿음이 없이는 하나님을 기쁘시게 하지 못하나니 하나님께 나아가는 자는 반드시 그가 계신 것과 또한 그가 자기를 찾는 자들에게 상 주시는 이심을 믿어야 할지니라 (히 11:5-6)

에녹은 하나님이 계신 것과 하나님이 자기를 찾는 자들에게 상 주시는 분임을 믿었습니다. 그래서 받은 상이 무엇일까요. 에녹은 단명(短命)의 상을 받았습니다. 다른 조상들은 10세기에 가깝게, 천년 정도를 살았습니다. 그러나 에녹만 유난스럽게 365세에 하나님이 데려가십니다. 다른 이들에 비해 짧은 삶을 살았습니다. 평생을 60세라고 하면 20세에 죽은 것입니다.

그러나 이것을 상 주셨다고 표현하십니다. "에녹아, 너는 그 정도 했으면 패스다" 하신 것입니다. '이 땅에 안 있어도, 천국에 빨리 데려가도 되겠다' 하고 하나님이 인정하신 거라고 생각합니다.

과연 이 땅에서 오래오래 사는 것이 축복일까 생각해 봅니다. 제가 남편보다 지금 20년을 더 살고 있습니다. 그런데 남편은 살아생전에 예수 없이도 너무나 절제하고 적용하면서 살았습니다. 믿음이 없어서 그렇지 부잣집 아들이 골프도 안 치고, 휘발유 한 방울 안 나오는 나라라면서 큰 차도 안 타고 백화점도 가지 않았습니다. 하나님이 "너는 적용하고 살았으니 이 땅에서는 그만 살아도 된다. 너보다는 네 부인이 때가 더 껴서 좀 더 있어야겠다" 하신 건 아닐까 생각해 봅니다.

하나님과 동행하는 것은 거창한 일이 아닙니다. 오늘 당장 눈을 떠서 내가 어떻게 하나님과 동행할지 적용거리를 찾기 바랍니다. 선택과 집중을 잘하기 바랍니다.

어떤 목장에서 시어머니를 모시는 문제로 난상토론이 벌어졌답니다. 목자가 자기 의 때문에 시어머니를 모시려고 했다가 다른 교회 공동체의 조언을 듣고 계획을 수정했다고 하자, 한 목원이 그 말에 이의를 제기했습니다. 시어머니가 나이도 80이 넘은 고령이고 몸도 좋지 않다는데 목자 정도 되면 모셔야 한다고 의견을 내놓았습니다. 이 목원이 자기가 목자였다면 틀림없이 더 큰 아파트를 얻어서 시어머니를 모셨을 거라고 하면서, 저에게 메일을 보내오셨습니다. 목사님의 복음은 십자가 복음인데, 목자가 "성경적으로 시어머니를 안 모시는 게 맞다"라고 하는 것이 어떻게 목사님의 복음과 합치되는지 대답해 달라고 물었습니다.

일반적으로 이야기한다면 모셔야 할 것입니다. 그러나 제가 보기엔 이 목자님이 많이 연약하십니다. 먹고살 것이 없어서 모시는 것과는 다르게 이 시어머니는 능력도 되고 사람을 둘 형편도 된다고 합니다. 그러니 그런 상황에서 일부러 모시겠다고 하면 목자에게 자기 의가 생길 수 있습니다. 두 고부가 힘을 빼고 만나야 하는데, 어쩔 수 없는 상황으로 만나지 않고는 훈련이 되기 전에 지쳐 버릴 가능성이 있습니다.

그렇다고 목원이 이의를 제기하는데 목자가 "사람이 부모를 떠나 그 아내와 한몸이 되라고 했으니 내가 시어머니를 안 모시는 것은 성경적 원리다!" 이러면 되겠습니까. 그냥 잘 모르겠으면 "그 말도 일리가 있네요. 제가 좀 더 기도를 해 봐야겠네요" 하면 됩니다. 늘 내가 연약한 존재임을 생각하면서 장담하지 마십시오. 빼도 박도 못할 환경에서 하는 것이 진정한 훈련입니다. 그 환경이 될 때까지 조금만 기다렸다가, 힘을 빼고 모시길 바랍니다. 생색이 나지 않을 때까지 힘을 빼야 합니다. 그러면 구원이 이루어지는 사건이 될 것입니다. 효도와 충성의 관점이 아닌 구원의 관점으로, 하나님과 동행하기로 날마다 선택하는 지혜가 있기 바랍니다.

하나님과 동행하는 데 가장 큰 장애물은 무엇입니까? 세상을 바라보고 부러워하는 나의 정욕이 하나님과의 동행을 방해하는 것을 인정합니까?

인내하는 사람이 구속사의 계보에 올라간다

28 라멕은 백팔십이 세에 아들을 낳고 29 이름을 노아라 하여 이르되 여호와께서 땅을 저주하시므로 수고롭게 일하는 우리를 이 아들이 안위하리라 하였더라 (창 5:28-29)

아담의 자손 라멕은 하나님께서 땅을 저주하셨기에 우리가 수고로이 일한다고 고백합니다. 아마도 극심한 생활고를 겪고 있지 않았을까, 오죽했으면 하나님이 저주하셨다고까지 표현했을까 싶습니다. 이것은 아담이 지은 원죄의 형벌입니다. 그런데 라멕이 조상의 죄를 자신이 껴안고 인정하는 것입니다.

내 죄를 인정하는 사람이 인내할 수 있습니다. 하나님께서 땅을 저주하셨다고 할 사람은 오히려 가인입니다. 그러나 가인이 그렇게 말하지 않습니다. 자기 죄를 모르기 때문입니다. 조상의 죄가 자신과 상관이 없습니다. 돈 잘 벌어서 보란 듯이 사는데 왜 죄를 고백하겠습니까.

그러나 여기 구속사의 계보에 올라간 라멕은 극심한 생활고를 겪었어도 하나님이 안위의 아들을 주시리라는 소망이 있었습니다. 위로자 예수 그리스도를 기다렸습니다. 자기 죄를 보는 사람은 그리스도를 기다리는 사람입니다. 이 땅의 삶이 너무나 짧기에, 아무리 험악한 역할을 맡아도 위로자 예수 그리스도를 감사함으로 바라보는 사람입니다.

가인의 7대손에도 라멕이 있고 아담의 10대손에도 라멕이 있습니다. 똑같이 '강한 자'라는 뜻의 동명이인(同名異人)입니다. 그러나 가인의 후손 라멕이 두 아내를 끼고 칼의 노래를 불렀던 반면, 아담의 후손 라멕은 조상의 저주를 오픈하면서 지금의 힘든 삶이 자신의 결론임을 고백합니다. 그러면서 안위자를 기다립니다. 누가 참 강한 자입니까? 아담의 후손 라멕이 진정으로 강한 사람입니다.

창세기 1장 2절부터 혼돈이 있습니다. 위기가 있습니다. 그러나 바로 3절에 하나님은 빛을 주십니다. 뱀의 유혹에 빠진 인간에게 여인의 후손이라는 대안을 주십니다. 가인의 후손이 있다면 그들과 비교되는 에녹과 노아를 우리에게 보여 주십니다. 고생하고 나중에 천국에 가서 안위를 바라는 것이 아니라, 이 땅에서 지금 예수의 이름을 부르면 하나님은 그때그

때 해결책을 주시는 분인 것을 믿습니다.

> ³⁰ 라멕은 노아를 낳은 후 오백구십오 년을 지내며 자녀들을 낳
> 았으며 ³¹ 그는 칠백칠십칠 세를 살고 죽었더라 ³² 노아는 오백 세
> 된 후에 셈과 함과 야벳을 낳았더라 (창 5:30-32)

그런데 기가 막힌 것은 이렇게 기다린 안위하는 아들 노아가 500세 된 후에야 자녀를 낳았다는 것입니다. 다른 이들을 보면 200세가 넘지 않은 나이에 자녀를 낳았는데, 노아는 오랜 인내 후에야 자녀를 얻을 수 있었습니다. 구속사의 계보를 세상적인 관점에서 보면 너무나 박복합니다. 참고, 인내하고, 생활고에, 애도 못 낳습니다. 하지만 이런 험악한 역할로 고난받지 않고는 그 삶에서 하나님을 보여 줄 수가 없습니다.

잘 먹고 잘사는 역할로 살면 나 하나 믿고 끝나지만, 힘든 역할을 맡아서 평강을 전하면 천 명, 만 명이 믿게 됩니다. '노아'의 뜻이 '쉼'입니다. 성경에서 "이 아들"이라고 단수의 아들을 지칭한 것은 노아밖에 없습니다. 생활고 속에서 태어나 인내하며 자녀를 낳은 노아가 창세기의 세 번째 계보, 톨레도트를 이루는 찬란한 아들이 되었습니다.

되는 것 없이 '낳고 죽었더라'의 10대가 지나 비로소 노아가 나옵니다. 제가 4대째 믿음인데 우리 집안에 아들이 없지 않습니까. 제 어머니가 헌금도 하고, 전도와 봉사와 구제에 힘쓰면서 아들을 달라고 기도했는데 하나님이 아들을 주시지 않았습니다. 그럼에도 불구하고 끝까지 주님을 믿는 연결고리 역할을 엄마가 하셨기에 부족하지만 지금 제가 있습니다.

마찬가지로 이 구속사의 계보에서도 단순하게 살면서 하나님과 동행하며 연결고리 역할을 하고 있던 조상 때문에 노아가 나왔습니다. 우리가 할 수 있는 일은 오래 참는 것 외에는 일절 없습니다. 영적 진실성의 결과는 인내입니다.

스탠포드 대학에서 〈마시멜로 실험〉을 했습니다. 어떤 교수가 네 살배기 아이들에게 마시멜로를 주면서 15분간 안 먹고 기다리면 하나를 더 준다고 약속했습니다. 2/3의 아이들이 먹고 싶은 걸 꾹 참고 기다렸고, 1/3의 아이들은 교수가 떠나자마자 날름 마시멜로를 먹어 치웠습니다. 14년 후에 그 아이들의 모습을 조사해 보니, 그때 참으면서 마시멜로를 먹지 않은 아이들은 대부분 건강하고 참을 줄 아는 사람으로 자랐습니다. 반면 그때 참지 못한 아이들은 스트레스 조절 능력이 약하고, 신경질을 잘 내는 사람이 되었다는 결과가 나왔습니다.

어려서부터 인내를 가르쳐야 합니다. 여러분의 자녀를 가인에게 유학 보내는 게 답이 아닙니다. 극심한 생활고 가운데서도 인내로 본을 보이는 부모가 되시기 바랍니다. 오백 년 동안이나 자녀가 없었던 노아의 이름의 뜻이 쉼이고 안식입니다. 내가 하나님만 바라보고 있으면 환경이 변하지 않아도 그 자체가 안식이고 쉼이 될 것입니다.

우리들교회의 한 집사님이 이런 고백을 하셨습니다.

우리들교회로 인도함을 받은 지 일 년 반의 시간이 되었다. 그동안 세상에서 믿는 자로서 할 짓, 못할 짓을 하면서도 주일이면 경건한 모습으로 위장한 채, 한 시간 반의 예배를 드리는 바리새인과 같은 모습이었다.

　이런 나에게 교회에서는 일대일양육 훈련을 권했다. 힘든 과제들이었지만 조금씩 내 죄를 보게 되었고 영적 자녀의 신분으로 가게 되는 귀한 훈련이었다. 그런데 일대일양육 훈련을 마치던 그 주 어느 날, 가장 큰 거래처가 대형마트로 간판을 바꿔 달아야 하는 일이 생겼다. 정말 꿀송이만큼 맛있는 거래처가 없어지는 것이다. 13년 동안 나와 우리 가정에 경제적으로 큰 역할을 해주었는데, 어떻게 이런 일이! 두 번째 교육을 해야 한다는 목자님의 지시에 따라 양육교사 훈련을 시작했다. 양육교사 훈련을 마치던 주에 또 사건이 일어났다. 나와 가정에 경제적으로 도움이 되고 있는 도매상이 사라진 것이다! 한 달에 얼마짜리인데! 우리들교회의 양육을 받고 나면 풀리고, 형통하는 일이 있다고 했던 모 집사님이 생각났다. 안 팔리던 부동산이 쉽게 팔렸다는 이야기도 들었다. 그런데 내게는 우째 또 이런 일이!

　교회에서 연락이 왔다. 예비목자 훈련을 받으라고. 내가 예비목자 훈련의 깜이 되는가 의심스럽기도 했다. 예비목자 훈련이 끝물에 접어들면서 은근히 걱정도 되었다. 한 주를 남기며 조심하고 있는 터에! 결국 한 거래처가 정리를 한다고 한다. 일본에서 원료가 들어오는데, 그 길이 막혀 버렸다고 한다. 세 번째가 되니 덤덤!

　누가복음 15장에는 돌아온 탕자에게 좋은 옷, 가락지, 새 신, 살진 송아지가 주어졌는데, 교육을 받고 나니 나에게는 이런 일이 생겼다. 경제적인 손실이 참 크지만, 믿는 자에게는 우연이 결코 없다고 하는데, 무엇을 계획하시며, 뜻하신 자리가 어디인지를 말씀을 통해 깨닫길 소망하며, 낮 땅으로 가려고 하는 나를 위해 이런 일을 주고 계시나 보다.

또한 부족한 나를 통해 하실 일을 기대하게 하신다. 부목자의 직분으로 있으면서 돌아보아야 할 지체를 돌보지 못함이 있는지, 온맘과 정성으로 섬기지 못했는지, 순종해야 할 일에 순종을 못했는지 깊이 생각하며 회개하게 하신다. 육적으로는 손해 봤다고, 억울하다고 할 수 있겠지만 주님의 말씀과 언약을 신뢰함으로 이제야 여호와의 이름을 부르는 삶에 감사를 드리게 된다.

너무 멋진 간증 아닙니까. 예수 믿어서 모든 게 잘됐다고 하면 나 한 사람만 은혜를 받고 끝나지만, 이렇게 극심한 고난 가운데서도 하나님께 영광을 돌리면 수천만 명, 전 세계가 은혜를 받을 것입니다. 구속사의 계보에 올라갈 사람은 바로 이런 사람입니다.

내가 인내하고 기다려야 할 기도제목이 있습니까? 구속사를 보지 못하고 내 생각에만 사로잡혀서 조급해하며 보냅니까? 고난 중에도 하나님 믿는 것이 최고라고 고백하며 기쁨과 감사로 인내의 시간을 보냅니까?

말씀으로
기도하기

구원을 위해 죽어지는 것이 구속의 개념입니다. 모든 환경에서 희생과 인내를 이루며 하나님을 바라봄으로 안식을 누리는 것이 구속사의 계보에 오르는 인생입니다.

단순하게 사는 사람이 구속사의 주인공이 됩니다.(창 5:1-4)

놋 땅에서 화려한 문명을 구가하던 가인의 후손과 달리 셋의 자손은 평범하게 자식을 '낳고' 때가 되면 '죽었더라'의 단순한 삶을 살았습니다. 세상적으로는 단순하고 영적으로는 깊은 삶을 살게 하옵소서(simple and deep).

구속사의 계보에 오르려면 하나님과 동행해야 합니다.(창 5:21-24)

아담의 자손 중에 에녹은 하나님과 동행한 사람으로 하나님이 일찍 데려가십니다. 하나님과 동행함으로 육신의 정욕과 이생의 자랑을 물리치게 하옵소서.

인내하는 사람이 구속사의 계보에 올라갑니다.(창 5:28-32)

아담의 10대손 라멕은 하나님께서 땅을 저주하셨기에 우리가 수고로이 일한다고 고백합니다. 죄와 형벌을 인정하되, 여호와께서 '이 아들' 노아를 통해 안위하실 것 또한 믿었기에 라멕이야말로 영적으로 강한 자입니다. 안위의 아들로 태어난 노아는 나이 500세가 되어서야 자녀를 낳았습니다. 고난을 통해 소망과 비전을 발견하며 구속사의 계보를 잇는 인생이 되게 하옵소서.

우리들
묵상과 적용

저는 모태신앙인으로 7남매 중 막내로 태어나 비교적 풍족한 어린 시절을 보냈습니다. 아버지는 큰형님이 명문대에 입학하신 것을 계기로 형제들을 서울로 보내 공부하게 하셨는데, 저는 초등학교 2학년 때 부모님과 떨어져 살다 보니 공부는 재미없고 외롭기만 했습니다. 군대에 다녀오고 아버지의 사업을 돕는 중에 영업에 능력을 보여 어린 나이에 사업을 하게 되었으나 돈과 시간이 주어지니 노름과 음란을 즐기며 세상과 하나님 중 늘 하나님을 걸러내고 세상만 남기는 삶으로 빠져들었습니다. 그러면서도 겉으로는 너무나 경건하게 주일에는 성경책을 가슴에 끼고 교회에 가고, 사업이 망할까 봐 십일조는 빼먹지 않고 하는 바리새인이었습니다.

영육간의 방황을 하던 중에 아내를 만났고, 결혼 후 하나님께서는 저희 가정을 구속사의 계보에 올리기 위한 사건을 주셨습니다. 저는 간질환을 앓게 되었고 장결핵을 앓아 몸이 약한 아내는 두 번의 유산과 임파선과 장 절제 수술을 했으며 힘들게 얻은 딸아이는 아토피로 고생을 했습니다.

그러나 그런 환경 가운데서도 저는 죄를 인정하지 않았고, 왜 나만 이렇게 힘든 삶을 살게 하시냐고 하나님을 원망했습니다. 열등감이 많아서 보이는 것으로 인정받고 싶었기에 가인의 번성을 꿈꾸며 빚을 얻어 다른 사업을 시작했습니다. 사업은 잘되었지만 빚으로 시작한 일이라 남는 것이 없었습니다. 그러나 저는 그럴수록 칼의 노래를 부르며 무리를 해서 또 다른 사업을 추진했고 도박과 음주의 삶으로 깊이 빠져들었습니다.

제가 가인의 삶을 살고 있을 때 그동안 믿음이 없다고 늘 무시했던 아내에게서 예수님의 씨가 잉태되고 있었습니다. 남편이 하는 일을 일일이 간섭하며 막는다는 이유로 이혼을 요구하고, 그러다 안 되면 폭언을 하고 가출까지 하던 저의 극심한 학대를 아내가 마치 스펀지처럼 흡수하는 것이었습니다. 그동안 집안의 모든 예배 인도를 세상적으로도 인정받으시는 큰형님이 하지 않고, 못 배우고 악하고 부족한 저에게 주셨기에 제가 집안의 영적인 후계자라고 생각하며 살았는데 믿음이 없다고 무시했던 아내에게서는 저와는 다른 진실성이 보이는 것 같았습니다.

　　무리한 대출과 편법과 부정한 방법으로 이룬 사업은 많은 빚과 함께 부도가 나고, 살던 집은 경매로 쫓겨나는 환경으로 몰아가셨습니다. 그리고 그 환경을 하나님이 허락하신 구원의 사건으로 받는 아내와 달리 저는 원망과 자책으로 회개가 아닌 후회의 눈물을 흘리면서 살려 달라고 애원의 기도를 했습니다. 봉사에 더 열심을 냈고, 새벽기도와 철야예배 등 남들에게 보이는 신앙생활에 치중하며 친구들에게는 4년 동안이나 회사가 망한 것을 숨기는 가식적인 삶을 살았습니다. 그리고 육적인 회복만을 위해서 필사적으로 노력하다 보니 삶이 공허했고, 흑암과 혼돈 가운데 삶을 포기하고 싶은 지경에 이르렀습니다. 그러나 구속사의 제물이 되어 준 아내가 있었기에 저는, 제 힘으로 할 수 있는 것이 아무것도 없다는 것이 깨달아졌고 저의 연약을 인정하게 되었습니다.

　　지금도 환경은 변하지 않아 많은 빚을 갚아 나가야 하는 어려운 상황이지만, 어디에서도 얘기하기 힘든 학벌의 열등감과 사업 부도로 빚쟁이가 된 얘기를 목장에서 했더니 오히려 저의 상처와 열등감들이 해결되기 시작했습니다. 4년 동안 나의 망한 사건을 숨기고 있었는데, 친구 부인이 말기 암 선고를 받았을 때 찾아가서 나의 삶을 오픈하고 안타까운 마음으로 권면했더니 영접하고 하늘나라에 가는 선물도 주셨습니다. 극심한 생활고 가운데 하나님만을 바라보는 모습을 보여줌으로 많은 사람을 구원으로 이끄는 삶을 살기를, 자녀들에게도 주님과 동행하는 모습만 보여주며 가기를 간절히 기도합니다. 제일 연약하고 악한 저를 구속사의 계보에 올려주시려고 인내하신 하나님께 감사드립니다.

기도

　　하나님 아버지, 구속사의 계보에 올라가기 위해 자식도 열심히 키우고, 교회도 열심히 다녔지만 인간적으로 노력하면서 하나님의 마음을 읽지 못할 때가 얼마나 많았는지 생각해 봅니다. 가인의 후손 앞에서 주눅이 들고, 열등감이 올라오고, 쓸데없이 과장을 합니다. 하나님과 같이 걸어가야 하는데 왜 이렇게 빨리 걸어가시나, 왜 내 마음을 몰라주시나, 왜 하는 일마다 반대하시냐고 불평합니다. 여기서 더 험악한 역할을 맡으면 어떡하나 생각만 합니다.

　　날마다 말씀을 보면서도 하나님보다 앞서가려고 하는 나의 부족과 정욕이 있습니다. 인내하지 못하고 조급해 안달하는 모습이 내 안에 있는 것을 고백합니다. 불쌍히 여기시고 용서해 주시옵소서. 그럼에도 말씀을 듣는 구조 속에서 나의 모든 죄를 보면서 안위자를 기다리기에, 예수님을 믿고 의지하기에 나와 지체들을 구속사의 계보에 올려 주실 것을 믿습니다.

　　생계의 고통으로 힘든 분들을 찾아가 주시고 안위해 주옵소서. 자녀의 고통으로, 임신하지 못함으로 힘들어하는 분들에게 찾아가사 말씀하시고 부족을 채워 주시옵소서. 우리가 다 험악한 역할 맡는 것을 부끄럽게 생각하지 않고, 예수 그리스도를 믿는 자로서 자존감을 가지게 하옵소서. 구속사의 계보에 올라가는 우리 모두가 되도록 하옵소서. 예수님의 이름으로 기도합니다. 아멘.